VARIABLE FIGHTER MASTER FILE
VF-31AX KAIROS PLUS

　2010年に第一次星間大戦を経験した人類が知ったことは、この広い銀河には"友朋にも敵対者にもなり得る他種族が存在する"という現在では当たり前の事実でした。銀河への大航海に漕ぎ出した人類は、無数の大きな喜びに迎えられましたが、それと同時に幾多の困難にも遭遇しました。

　これまで、VFをはじめとする軍事技術は困難を打破する原動力となってきました。その開発も運用も、文字通り人々のたゆまぬ努力、血と汗によって進化してきましたが、それ自体がすなわち"人の可能性を切り拓く行い"にほかならなかったことが、まさに証明されようとしています。ステージは明らかに変わりつつあります。VFは単なる敵に打ち勝つためのパワーと捉えられがちですが、もしかしたら、種族の壁を超えて全宇宙に平和をもたらすきっかけを作ってくれるだけの潜在力を秘めているのではと感じます。フォールドクォーツという神秘の力を借り、強大な力を具えるようになった昨今の最先端VF。それは変わらず人類の未来を照らす明るい希望の光ですが、あまりにも強大すぎるがゆえ、これまで以上に"正しく"使うことを心がけねばなりません。人類もVFも、まだ進化の途上であることを忘れてはならないのです。

　あなたがこの本を読むことによって、VF-31AXカイロスプラスが見せてくれている"可能性の片鱗"を感じとってもらえたなら、これにまさる喜びはありません。

2085年7月　ケイオス出版 Galaxy Arms Graphic 編集部
ブルーム・ホワイト

CONTENTS

カイロスはギリシャ神話の神のひとりで、時間に関する中でも
「機会（チャンス、機時、一瞬の刻）」を司る神であるという。

ウィンダミアを巡るヘイムダル反乱の際、ケイオス・ラグナ支部所属のΔ小隊は緒戦で甚大なダメージを受け、使用機のVF-31Sジークフリードは急遽大規模なレストアを施された。当時開発中であったVF-31X用のパーツを使用し、生まれ変わった彼らの機体はVF-31AXカイロスプラスと呼ばれた。写真はΔ小隊で臨時の隊長代行を務めたミラージュ・ファリーナ・ジーナス中尉（当時）の4番機。

VF PHOTO FILES

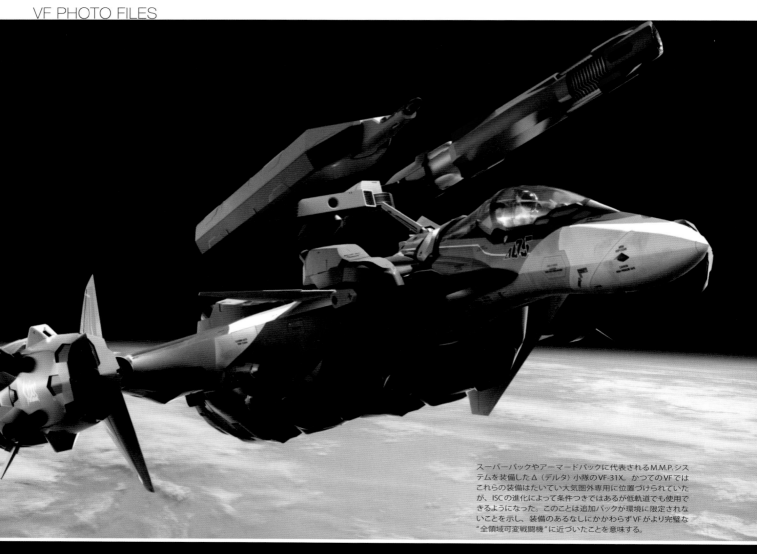

スーパーパックやアーマードパックに代表されるM.M.P.シス
テムを装備したΔ（デルタ）小隊のVF-31X。かつてのVFでは
これらの装備はたいてい大気圏外専用に位置づけられていた
が、ISCの進化によって条件つきではあるが低軌道でも使用で
きるようになった。このことは追加パックが環境に限定されな
いことを示し、装備のあるなしにかかわらずVFがより完璧な
"全領域可変戦闘機"に近づいたことを意味する。

VARIABLE FIGHTER MASTER FILE VF-31AX KAIROS PLUS

ケイオスで先行して配備されたVF-31S/AX/X型
は、その後新統合宇宙軍にも順次導入されていっ
た。A型、S型の設計と実戦運用を経て完成した
VF-31AX/Xは安定した高性能を発揮し、それぞれ
の任地で任務をまっとうしている。

DEVELOPMENT OF VF-31AX KAIROS PLUS
VF-31AXカイロスプラス開発経緯

●飛行制御の黎明期

　VFの戦闘力を推しはかるのは難しい。ほかの機体と比べるための基準はいくつもあり、個々の数値を比較すればどちらが秀でているかは簡単に結論を得ることが可能であるが、それら要素が複雑に絡み合った結果、実際の戦闘でどちらが勝つかはやってみるまで分からないことが多い。前世紀の昔から、後発の明らかにスペック的に優れた機体が、旧式の機体に後れを取るなどという例は珍しくもなかった。逆に言えば、勝つためにどのような能力を追加、あるいは伸ばせば良いかが視えにくいということでもある。ただ単に最高速度や推力向上を追求すれば勝てるほど、戦闘機の闘いは単純ではないのだ。だからこそ航空機が誕生して200年近く、様々なコンセプトの機体が試され、実用化されてきた。

脚部の間にレイアウトされるマルチパーパスコンテナユニットを、機体上部に展開して飛行するVF-31AX。写真はΔ小隊の1番機で、2068年当時小隊長であったアラド・メルダース少佐の機体。

　航空機とは単純に言えば、揚力を生み出す構造を持ち、空中に浮かんで任意の機動を行うことを目的とする機械である。揚力を発生させ続けるために前進力を必要とするが、うまく上昇気流を利用することができればそれさえ必ずしも必要としないグライダーや凧のような飛翔体もある。ただ、いずれの場合にも揚力を能動的に制御すること（動翼を動かす、凧ならば糸を引くなど）で任意の機動を行える。これが飛行制御の基礎となる。

　航空機が誕生して間もない頃、その制御はすべて人の力に頼っていた。制御に必要なコントロールはどう動かすかを考える「思考」と、実際に航空機の構造を動かす「操作」の組み合わせだが、そのどちらも人間が担っていた。人間は乗っている航空機の方向を変えるにはどのように操作すれば良いかを理解している必要があり、かつ操縦桿やペダルといった操縦装置とケーブルでダイレクトに繋がっている動作部分を、人力で動かしていた。

航空機にとってひとつの転機になったのが、ジェットエンジンの発明だった。この発明によって得られた大推力がもたらしたのは、高速化と航空機の大型化である。戦闘機の高速化は、旧式機を陳腐化させるものであったのは確かだったが、初期にはまだ飛行制御自体はほぼ人間が担っていた。やがて次の転機としてコンピューターによる飛行制御が確立される。その概念がアクティブ制御技術（ATC = Active control technology）であり（厳密には、コンピューターは補助的な飛行安定や機動補正などへ段階的に採り入れられていったのであるが）、航空機の設計そのものが飛行制御を前提として考慮されるようになった時点が、それまでと大きく異なる転機だったといえる。これによって生まれた機体は当時、運動能力向上機（CCV = Control Configured Vehicle）などと呼ばれた。

CCVは、ではなにが決定的に従来と違うのかと言えば、それまで人間がコントロールできる程度に抑えられていた機動能力の限界を突破できるようになったことである。CCVは、いわゆる負の静安定性を持つ機体を安定して飛行させることができる。本来ならば、なんの制御もしなければふらふらしてすぐにあらぬ方向に飛んでいこうとする不安定な機体など、危なくて使い物にならない。これを、真っ直ぐ飛ばしたい時には安定して飛ぶように自動制御し、飛行コースを変更する時にはその曲がりやすさを最大限に活かし、かつ効率的に旋回できるようにした。これを実現するため、操縦装置と動作部の間にコンピューターを挟んだ。操作命令はケーブルなど機械的リンクを繋げて直接的に動かしていたものから、ワイヤー（電線）によって電気信号での伝達に変わった（＝フライ・バイ・ワイヤ。動作部は信号を受けて油圧装置などの駆動で動かす。信号は後に光信号や無線も使われるようになる）。少なくともパイロットは、真っ直ぐ飛ぶため、あるいは単純な旋回を行うために、機体を一瞬たりとも気を抜かずコントロールするのに必死になる必要はなくなった。従来機と同様に操縦桿を操作すれば、潜在的に不安定な機体でもぴったりと意図通りに動く。それがCCVの画期的な点だ。なお、ATCにより従来ではコントロールが難しかった前進翼などの理論上機動性に優れた機体の実用化が現実味を帯び、実際にテスト機も製作されたが、構造強度など別の問題を当時は解決できず一般化はしなかった。

以上が、初代VF-1バルキリー※が誕生した前後の技術事情である。VF-1が搭載した統合制御システムの中枢であるANGIRAS※は、飛行制御に関する演算とコントロールだけでなく、人型のバトロイドや外界の索敵情報や作戦連携情報なども統合し、総合的な機体制御を行うという点で画期的ではあったが、こと飛行制御に限っていえば、同時代のCCVが行っている内容と大差ない。

● VFの飛行制御における転機

VFの歴史の中で、一大転機となったのは、スーパーノヴァ計画によって開発された2つの機体の登場である。すなわち、YF-19とYF-21※だ。いずれもそれまでのVFの限界を突破するために企図され、それぞれ異なるアプローチでこれを実現しようとした。

YF-21は脳波による「思考」と「操作」のタイムラグをなくし、またその齟齬を取り去ることで任務適合性を上げた機体である。むろんそれだけでなく、ハード側の飛行制御も次世代と呼べるものだったのは間違いなく、脳波操縦をコンセプトに置いたYF-21の技術開発そのものがチャレンジングなものだと評価できる。ただし、脳波を利用するという点において、研究によって得られていた知見への解釈やシステムへの組み込み方に不充分なところがあったのは否めない。この新しい技術を実装するにあたり、システム開発主任であり自らテストパイロットに志願したガルド・ゴア・ボーマンは、慎重派であった。人間の「思考」とは脳の前頭前野（前頭葉）の活動によって生じるものだが、ガルドはこの人間の

知性・理性こそ操縦や戦闘に欠かせないものだと信じていた。したがってその「思考」を積極的に省くことはしなかったのである。だが、特に熟練した優れたパイロットは「思考」を経由せずに、経験によって蓄積した脳内の反応によって極限状態における機体操縦をダイレクトに行うことがままある。この無意識領域の反応を、別の表現をすれば「本能」「反射」などと呼んだりするが、これも現代科学ではある程度解析されており、本来はそれをこそ重視すべきだった。「思考」が余計なものであるとは決して言えないのだが、極限条件下におけるパイロットの反応を、通常の判断回路を通すことなく反映させるプロセスを用意するなどの対策をしていれば、YF-21は一種"誤動作"にも見える「思考」を介した挙動を示すこともなく、あの競争試作に勝っていたかもしれない。

では、対するYF-19はどうだったのか。ARIELという統合機体制御AIの搭載は、後のVF-24エボリューション計画※、ひいてはVF-31系に至るVF飛行制御の進化を辿るうえで欠かせないポイントとなるものだった。

※VF-1バルキリー
第一次星間大戦の直前に旧統合軍が開発した史上初の全領域可変戦闘機。2008年末に量産開始。

※ANGIRAS
Anti Neumann-type Generalize Integrated Renormalization Aided System。アンギラス。通常の戦闘機の概念を超えるVFシリーズにおいて、全システムを統括的に制御する中央制御システム。初代のANGIRASはVF-1バルキリーに搭載されていた。

※YF-19とYF-21
2030年代末に統合軍によって発動された新VF開発のための競争試作計画「スーパーノヴァ」において、新星インダストリーとゼネラル・ギャラクシーが提示した試作VF。YF-19（後にVF-19エクスカリバーとして制式採用）は優れたAIシステム「ARIEL」の搭載によって、YF-21（後にVF-22シュトゥルムフォーゲルIIとして制式採用）は脳波による機体コントロールによって、それぞれ高い空戦能力が与えられており、AVF（Advanced Variable Fighter）と呼ばれた。

※YF-24エボリューション
新星インダストリーが船団護衛に必要な要素を盛り込んで設計した機体。VF-25、VF-27、VF-29、VF-30など多くの派生機はこの機体をベースとして開発されている。制式化されたYF-24は2052年に量産承認を受けて、主として地球圏の部隊へ配備された。

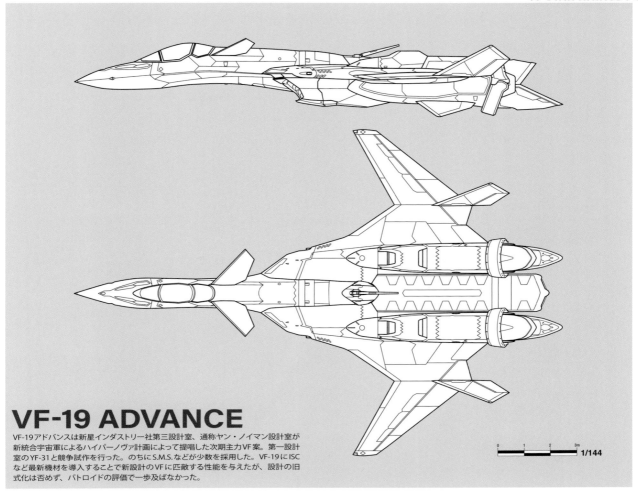

VF-19 ADVANCE

VF-19アドバンスは新星インダストリー社第三設計室、通称ヤン・ノイマン設計室が新統合宇宙軍によるハイパーノヴァ計画によって提唱した次期主力VF案。第一設計室のYF-31と競争試作を行った。のちにS.M.S.などが少数を採用した。VF-19にISCなど最新機材を導入することで新設計のVFに匹敵する性能を与えたが、設計の旧式化は否めず、バトロイドの評価で一歩及ばなかった。

0　1　2　3m
1/144

　YF-19のARIELはどのような意図を持って開発されたのかといえば、ある状況に対するパイロットの操作に対し、適切な機体制御を行うという従来から担わされてきた役割を、さらに最適化しようというものであった。戦闘や高速域、あるいはその両方といった極限状況下において、パイロットの意に沿うように、かつより高速・高効率でそれを実現できるように、人間の"直感"を模した思考ユニットを作ろうとしたのだった。この試みは、ある意味で成功であり、また失敗でもあった。

　効率のみを考えた場合、従来からある方法だけに依らず、機体各部の動翼や姿勢制御エンジンを自由に組み合わせて機動させるのが合理的だ。例えば180度後方へ機首を向けて敵に攻撃したい場合、以前であれば旋回という操作を行い、最小旋回半径を回ることで回頭を実現できた。これを、機体の進行方向はそのままに、機体中央を軸に水平に機体を回して向きを変えれば最小限の動きで済む。外から見ればバックする動きになるが、その際の複雑な飛行制御はARIELに任せ、パイロットは攻撃操作に集中すればよい。

　上記は極端な例であり、実際YF-19のような機体でも「旋回」と「反転」はきちんと別のものとして使い分けることができる。またARIELといえども基本的に操作命令の入力から大きく逸脱する挙動は取れない。だが極論すると、あらゆる機動において、一般的なパイロットが考える常識的な操作と、最大効率を追求した最適

解は異なるのである。

　問題なのは、この奇抜ともいえる動作を受け入れられるパイロットは少数に留まるということだった。抽象的な言い回しとしてパイロットと機体の「意思疎通」や「信頼関係」というものがあるが、天才的なパイロットであれば、自分が命令した動作に応えた結果としての機体の動きを感覚的に"納得"し、違和感なく使いこなすことができよう。また、機体制御AIに頼らずともそういった常識を超える機動を自ら選択できるのが、天才の素養であるともいえる。さらに、この素養には機体の動きそのものを常時、正確に把握できる能力も含まれる。視覚情報はもちろん、体へのGのかかり方、シートから伝わってくる機体スライドの感覚、機体のその日の調子、あるいは空間の風の向きや強さ、果ては気象条件、高度、温度、湿度、惑星によって異なる大気密度といった機動に関わる要素を、肌で感じ取れて初めて、YF-19という機体の能力を真に引き出せるのだ。

　YF-19が使いこなすのが難しい機体であるというのはそういうことで、ごく一般的なパイロットの手には余る。ここに来て、航空黎明期に必要であった"人の感性"という要素が重要視されることになったのは皮肉といえよう。だが、一部の適性のあるパイロットによって能力を十全に発揮したYF-19が現に存在したおかげで、少なくとも大気圏内機動においてこれを超える機動性を持つ機体はないとまでいわれ、現在に至るのである。

新統合政府とウィンダミアの間で和平交渉が進む中起こったヘイムダルの乱では、かつて敵対していたウィンダミアの空中騎士団のひとり、"赤騎士" ボーグ・コンファールトがケイオスのΔ小隊と共闘、最新鋭のVF-31AXを駆る姿が見られた。当初、機体色を自らのシンボルカラーである赤色にしたいと希望した彼だが、Δ小隊にはすでに同じく赤系統のカラーを使用するM・F・ジーナス中尉がいたことから、識別のためにやむを得ず緑色を採用したのだった。

●VF-31AXカイロスプラス

　2068年、ウィンダミアと地球との星間国交回復直後に起こった反地球統合政府組織ヘイムダルによるウィンダミアの占拠事件に始まった、地球をはじめとする主要惑星制圧事件において、外観は一見VF-31AカイロスのようだがVF-31Sジークフリード以上の能力を見せたVFがあった。ケイオス・ラグナ支部※ Δ 小隊※所属で「VF-31AXカイロスプラス」と呼ばれるこのVFは、これまでVF-31Sジークフリードの改良型かバリエーションの一種と考えられてきた。事件当初は「最初の戦闘で破損したΔ小隊のVF-31SをVF-31Aカイロスの予備パーツで修理したもの」あるいは「VF-31Aカイロスに戦闘不能となったVF-31Sのパーツを組み込んで修理したもの」と伝えられていたが、今回編集部が入手した資料で新しい事実が判明した。それはVF-31A、VF-31Sに続く第3のVF-31、すなわち「X」型の存在である。

　前回（既刊ヴァリアブルファイター・マスターファイル VF-31ジークフリード）において解説した通り、VF-31にはVF-31AとVF-31Sという二つの主流が存在する。これに対し、VF-31XはVF-31Sの能力向上型であり、第6世代VFに比肩する性能を狙って造られた機体だという。VF-31Xのペットネームは「ジークフリードプラス」とするのが妥当と思われるが、報道などではAX型と同様「カイロスプラス」とされていることが多い（その理由は後述する）。

　現在のところ最高能力を持つ第6世代VFは、公にはYF-29デュランダル※とYF-30クロノス※しか存在しない。しかしこの2機種はあくまでも試作機扱いで、YF-29などは複数機、あるいはバリエーションの存在が仄めかされてはいるが、未だ量産のめどが立っていない。またYF-30は基本的に探査機であり、実際は兵器ですらないらしい。しかし地球統合政府をはじめ各移民惑星自治政府や、航行を続けている大規模移民船団にとって、最高性能を持つ第6世代VFの配備は急務である。たとえそれが数機であろうと充分な抑止力として期待できるのだ。

　第一次星間大戦後に銀河中に勢力を拡大しつつあった地球統合政府にとって、最大の脅威は"はぐれ"ゼントラーディ軍の存在だった。しかし地球軍兵器の進化に対し、現行のまま進化しないゼントラーディ軍との間でいつしか逆転現象が起こり、もはやはぐれゼントラーディ軍はほとんど脅威にはならなくなっている。むしろ新統合軍のVFに対抗するために開発される反政府組織の兵器群や、地球政府の支配に反発しあの手この手で抵抗する移民先の先住異星人の方が脅威になっており、それゆえの「抑止力」なのである。

　2060年代後半から配備が進んだVF-31Sジークフリードは第5.5世代VFであるが、第6世代VFであるYF-29とのDACT※で勝利したことはない。この2機種世代の0.5の差は有り体にいって「フォールドクォーツ※搭載量の差」である。一般的に、フォールドクォーツを多く搭載すればするほど機体能力の向上が期待できるが、それに合わせて機体の構造を強化しシステムも合わせる必要がある。YF-29はVF-25メサイア※の派生機でありながら、フォールドクォーツ量と機体強度や強化されたシステムのバランスが非常に良く取れており、フォールドクォーツと機体性能の相乗効果であの優れた性能を引き出している。そのためVF-31SとYF-29はそのフォールドクォーツ搭載量の差以上に性能に開きがあるといえる。

　現在フォールドクォーツは人間の手では合成できず、入手には採取という手段しかないため、新統合宇宙軍にしろ民間軍事組織にしろ充分な量を確保できていない。したがって現在最高性能を誇るVF-31SやYF-29などの第5.5及び第6世代VFはどこも必要な機数を揃えられないでいる。

　本書で取り上げるVF-31Xカイロスプラスは、簡単にいえばVF-31Sジークフリードの第6世代化機である。Δ 小隊のVF-31AXは、開発過程でテスト予定だったX型用のパーツを急遽修理部材として使い、偶発的に生み出された機体であった。このVF-31AXは第5.5世代VFであるVF-31Sジークフリード以上であり、しかも現時点ではっきり第6世代VFと認識されているYF-29デュランダルに匹敵する性能を持つことが、実戦により確認された。したがって間接的にではあるが完成したVF-31Xも第6世代相当の機体であると認識されている。

※ラグナ支部
ラグナ星系はサジタリウス渦状肢、ブリージンガル球状星団に存在する恒星系で、星団内では辺境に位置する。人類の入植は西暦2038年より開始。主星は二重連星であるスコルとハティで、居住可能惑星であるラグナ星（スコル＝ハティIII）のほか、地球型や木星型惑星を複数持つ。正式には「スコル＝ハティ星系」であるが、ラグナ星系と呼ばれるのが一般的で、宇宙図にもそのように記載されている。ラグナ星の首都バレッタシティはその防衛をケイオスに委託している。

※Δ（デルタ）小隊
星間複合企業体ケイオスのラグナ星系を拠点とし、VF-31（SYF-31）の試験運用を行った部隊。4つ目の戦闘飛行隊との意味で〈デルタ〉の名を付けられている。詳細は弊社既刊『ヴァリアブルファイター・マスターファイル VF-31ジークフリード』を参照。

※YF-29デュランダル
マクロス・フロンティア船団で試作された有人可変戦闘機。異星系生命体バジュラの推定能力を基に策定された要求仕様にしたがい、VF-25のパーツを流用して製作されたといわれる。バジュラから得た稀少なフォールドクォーツを使用し革新的な装備性能を誇るとされるが、現在の生産・配備状況なども不明である。

※YF-30クロノス
YF-24エボリューションを原型とする一連の派生機のひとつで、民間軍事プロバイダーであるS.M.Sのウロボロス支社長アイシャ・ブランシェットが実用化した試作実験機。YF-30もYF-29などと同様にフォールドクォーツを使用した第6世代機に分類される特殊な機体とされる。

※DACT
Dissimilar Air Combat Training。異機種間戦闘訓練。

※フォールドクォーツ
通常空間とフォールド空間にまたがって存在する特異物質である重量子は、常温核融合やフォールド航行を実現するために欠かせない。重量子が結晶化し、通常空間において安定化したものをフォールドカーボンやフォールドコールと呼び、反応炉の初期起動に利用する。さらに高度な結晶構造体であるフォールドクォーツは情報回路としても機能するが、自然界に存在することは稀である。

※VF-25メサイア
YF-24をベースに移民船団が独自開発した機体は複数あり、マクロス・フロンティア船団がVF-25、マクロス・ギャラクシー船団がVF-27をそれぞれ実用化した。星間生命体バジュラとの遭遇が予期される状況下で、これに対抗するために作られた。

DRAWINGS

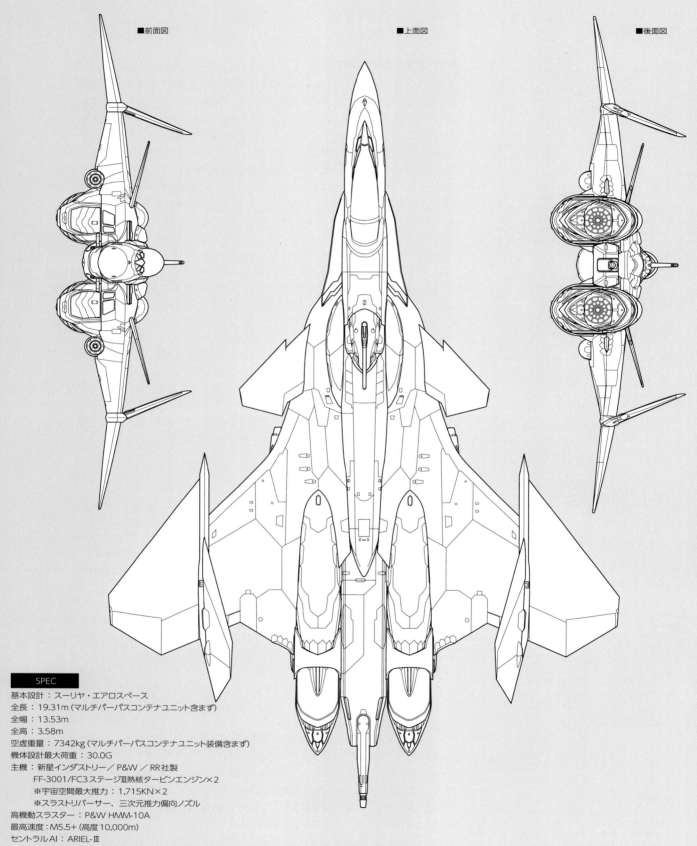

■前面図　　　　　　　　　　　　　　　　　■上面図　　　　　　　　　　　　　　　　　■後面図

SPEC

基本設計：スーリヤ・エアロスペース
全長：19.31m（マルチパーパスコンテナユニット含まず）
全幅：13.53m
全高：3.58m
空虚重量：7342kg（マルチパーパスコンテナユニット装備含まず）
機体設計最大荷重：30.0G
主機：新星インダストリー／ P&W ／ RR社製
　　　FF-3001/FC3ステージⅢ熱核タービンエンジン×2
　　　※宇宙空間最大推力：1,715KN×2
　　　※スラストリバーサー、三次元推力偏向ノズル
高機動スラスター：P&W HMM-10A
最高速度：M5.5+（高度10,000m）
セントラルAI：ARIEL-Ⅲ

VF-31AX/X KAIROS PLUS

■側面図
■下面図

■VF-31AX 五面図

0 1 2 3m
1/100

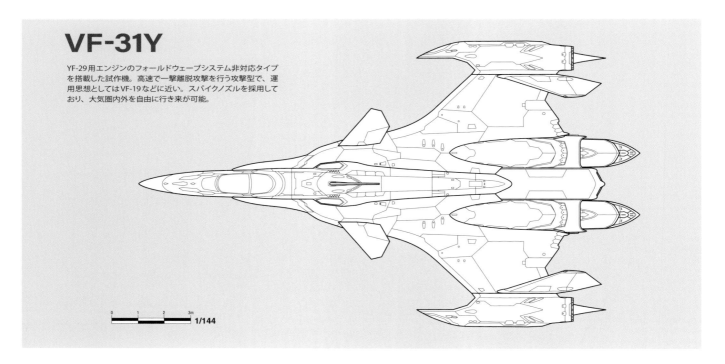

VF-31Y

YF-29用エンジンのフォールドウェーブシステム非対応タイプを搭載した試作機。高速で一撃離脱攻撃を行う攻撃型で、運用思想としてはVF-19などに近い。スパイクノズルを採用しており、大気圏内外を自由に行き来が可能。

0　1　2　3m
1/144

●VF-31Xカイロスプラス

　YF-29は既存のVF-25をベースに改造したワンオフの機体であったゆえに量産に向かず、マクロス・フロンティア船団のS.M.S※に納められた最初の1機の戦果を聞いた新統合宇宙軍から、増加試作機として24機が発注されたといわれるが、年数機のペースでしか完成しなかった。業を煮やした新統合宇宙軍が発注をキャンセルしたため、新星インダストリーはもっと量産に向いた第6世代VFの開発に着手した。とはいえまるっきり新規に開発するにはリスクが高すぎるとして、YF-29のように第5.5世代VFであるVF-31Sジークフリードのフォールドクォーツ搭載量を増やす発展型、VF-31Xの開発を進めることにした。フォールドカーボンを搭載するVF-31Aカイロスとフォールドクォーツを搭載するVF-31Sでは、外形はほぼ同じでも構造やシステムがまるで違うように、フォールドクォーツの搭載量を増やすだけにしても大幅に構造を変えなければならない。その場合、本来ならばVF-25からYF-29に変わったように、例えばVF-33やVF-35などにナンバーも上がるはずであるが、おそらく新星インダストリー社内の予算配分などの理由からVF-31Sの派生型としてサブタイプだけ変えたと考えられる。また既存のVF-31SからVF-31Xに改修可能な仕様とすることも考えたのであろう。また、ペットネームについては本来ならばS型の派生型ということでジークフリード改となるはずだが、A型カイロスの派生型を示すカイロスプラスを採用している。この矛盾については諸説あるが、第6世代機に関する情報秘匿のため、主翼形をA型同様のデルタ翼としたことから現場の混乱を避けるため、納期が切迫していたことから型式承認など諸手続をスムーズに進めるため、などといわれている。

　新星インダストリーでは、VF-31Sのバリエーションとして外翼の代わりに熱核反応エンジンを取り付け、YF-29と同様の4発機としたVF-31Yを作っていた。ただし、VF-31Yは大きなパワーを活かし大気圏内外を自由に行き来し、高速で敵艦隊に突入する一撃離脱戦法を取るための機体として開発されていた。VF-31XはこのYF-31Y開発時に得たノウハウを取り入れ、さらに高い機動性能を与えようとしている。これにはウィンダミアとの戦いにおいてケイオス・ラグナ支部のΔ小隊機がウィンダミア版ゴースト、リル・ドラケン※を外翼に取り付けることで高い瞬発力と航続力を獲得したことをヒントにしたといわれている（もっとも、本来リル・ドラケンはSv-262ドラケンⅢ※の要撃機としての能力を延伸するための装備である）。このVF-31Xの開発においては、何か特定の任務に特化させるような設計をすることなく、YF-29のように様々な要素をバランスよくまとめ上げることが目指された。そこでYF-29を開発した新星インダストリーVF開発部第4設計室、通称「フォーチュン・ラボ」に再び白羽の矢が立ったのである。

※ S.M.S
Strategic Military Services。民間軍事会社の1つ。星間運輸業者であったリチャード・ビルラーが創設した。船団に雇用された場合には、航路の先行偵察や日常の防衛任務を務める。優秀なVFパイロットを引き抜き、質の高いVF戦闘部隊を多く擁することで知られる。

※リル・ドラケン
多目的支援無人機。Sv-262ドラケンⅢの両主翼端に接続し、加速力や航続力の延伸をはかるほか、独立して自律制御による支援や攻撃なども可能。母機に様々な任務に対応する能力を与える。

※ Sv-262ドラケンⅢ
ウィンダミア王国の空中騎士団が使用する局地可変戦闘機。イプシロン財団傘下のディアン・ケヒト社により製造。基本設計は同社から引き抜かれたSVワークス設計チームによるもの。ダブルデルタ翼に大型の垂直尾翼1枚を有する。フォールドクォーツを用いた「リヒート・システム」はVF-31Sに匹敵する性能を本機に与える。

※アルガス・セルザー Argas Selzer
ゼントラーディ人。SV-51を設計したアレクセイ・クラーキンにその才能を見いだされ、ゼネラル・ギャラクシー創設の際に副社長兼設計技師として招聘される。クラーキン死亡後は同社の社長兼主任設計技師となり、VF-14、VF-17の設計を担当しその手腕を発揮した。

※ Sv-303 ヴィヴァスヴァット
「鋼鉄のクロムウェル」ことイアン・クロムウェルに率いられた組織ヘイムダルが運用した無人可変戦闘機。Sv-262の後継機種として開発が進められていたが、有人から無人へと舵を切り圧倒的な戦闘力を持つ機体として完成した。詳細は本書の「SV-303 ヴィヴァスヴァット」の項を参照。

VF-31は最終的にYF-29と同様エンジンを4発装備する構想があったか、それか標準仕様となる前にもスーパーパックやブースト装備なとて補っていた。下の2枚の写真はスーパーブーストを両翼端に連結するVF-31AX。この方法はヘイムダルの乱で△小隊5番機のパイロットであるハヤテ・インメルマン少尉（当時）か初めて使ったか、掲載の写真ではスーパーパックのメインブースターユニットの代わりにブーストを装着（右下）、もう一方ではマルチパーパスコンテナユニットをアーマードパックのツインレーザー砲塔を装備している。

●第4設計室フォーチュン・ラボ

　日本の新中州重工の流れを汲む新星インダストリーには、長い間「第4」設計室は存在していなかった。日本語での「4」は読み方によって「死」と同じ発音になるとして、慣習から忌避されることが多かったからだ。ゼネラルギャラクシーがゼントラーディ人の元新星インダストリー技術者、アルガス・セルザー※を迎え入れてからしばらく経った2030年頃に第4設計室は創設された。ここは将来に向けた新しい仕様のVFの開発、またそれに伴う新技術の実験室的部署であったため、いつしか「4」にかけて「フォーチュン・ラボ」と呼ばれるようになった。この名づけには新星インダストリーの方向性や運命を変えるかもしれないという期待や恐れが込められているといわれている。

　ここでは開発費を上限なくつぎ込むことが可能で、営業部や資材部、技術部など部門を飛び越え自由に資材や技術者を調達できることとした。その代わり、開発したVFは必ず実用化まで持っていき、実戦においてある程度の実績を上げることが必須条件とされた。また開発した機体の開発元として「第4設計室」標記も一切入れないことにもなっている。

　近年になってフォーチュン・ラボの実態が少しづつ漏れ伝えられるようになり、VF-31Xも「関係者の話」としてフォーチュン・ラボの設計担当と判明している。また、ウィンダミアでSv-303ヴィヴァスヴァット※との戦闘のためにVF-31AXを作ったケイオスの技術部門からも情報がリークされ、VF-31AXの開発経緯や戦闘の実態などがある程度判明してきている。

△小隊のVF-31AX-5番機に搭乗するハヤテ・インメルマン少尉（当時）は、ヘイムダルの乱においてフォールドクォーツの力を解放することで戦闘に勝利した。天性の才能を持つ彼がフォールドクォーツの力によりいわゆる"感覚拡張"を得て、VF-31AXが想定し求めたVFを超えるVFの発動を実現したのだ。

●VF-31AXの製作

　先述の通り、VF-31AXカイロスプラスはかなり短時間で応急的に作られた機体である。ウィンダミアで最初に行われたSv-303との戦闘において、ケイオス・ラグナ支部の△小隊機4機は大きく損傷し、大規模な修理が必要となった。救援に駆けつけ△小隊を収容したケイオス・リスタニア支部のマクロス・ギガシオンには、VF-31SをX仕様に改修するキットが積まれていたのである。

　実はそもそもギガシオンはドックで修理中のマクロス・エリシオンに代わり、ウィンダミアとの星間国交再開記念式典が終わったのち△小隊を回収、VF-31SをX仕様に改修してテストを行う予定だった。そこでVF-31Sを修理するとともにVF-31Xのキットを使って急遽改修作業を行うこととした。△小隊にVF-31Xをテストする依頼があったのは、すでに一度リル・ドラケンを主翼に装着し高機動戦闘を行った経験があったためである。

　整備クルーは外板の損傷箇所を修復し、外翼と主翼の下面をX仕様パーツに交換した。モジュールごとの交換パーツが用意されていたことから、改修は予想通りの時間内に終了した。ただし垂直尾翼下に取り付ける第3及び第4のエンジンも搬入されていたが、機体制御統合システムであるARIEL-IIIを調整する時間がなく、この時は換装を見送られた。また機体上面に収められるフォールドクォーツ収納部は、フォールドサウンド支援システムを機能強化型の新型に交換したため、かなり大型の物が取り付けられ、そしてギガシオンにあった予備のVF用フォールドクォーツをできるだけ詰め込んだ。

　この時の4機は、あくまでもX型のパーツを流用したS型改造機であり、X型とは仕様が異なることに留意しなければならない。両者に外形の目立つ差違はほとんどないが、X型は本書「VF-31Xの構造とシステム」で解説されている通り、構造改設計並びに使用素材なども更新されている。S型改造機としてのAX型は、その後のX型開発テストにおける同等の試験機を除いてはこの4機のみである。X型の構造とシステムの一部がS型に流用されているため、本書解説の該当部分はそのままAX型にも当てはまるが、どこまでが改造範囲であったかについては正確な情報がないため述べることはできない。

　なお、4機のAX型は上述の反地球統合政府組織ヘイムダルとの戦闘において全機が生還したが、最終戦闘への出撃時にフォールドクォーツ用のシステム調整が間に合わなかったため、帰還後に全機システムダウンし再起動ができなかったという。後に機体の再調整が行われると同時にワルキューレの支援システムは一切が取り外され、コンテナ内も武装のみとし、完全な戦闘用VFとなった。

　修理を終えたAX型はギガシオンに同乗していたフォーチュン・ラボの技術者から、防諜のためS型ではなくA型ベースの改修機としVF-31AXカイロスプラスと呼称すること、との要請があった。これが思惑通りに世間に広まり、未だにVF-31AXはA型カイロスをベースとする機体であるとの報道や資料が散見されるようになった。

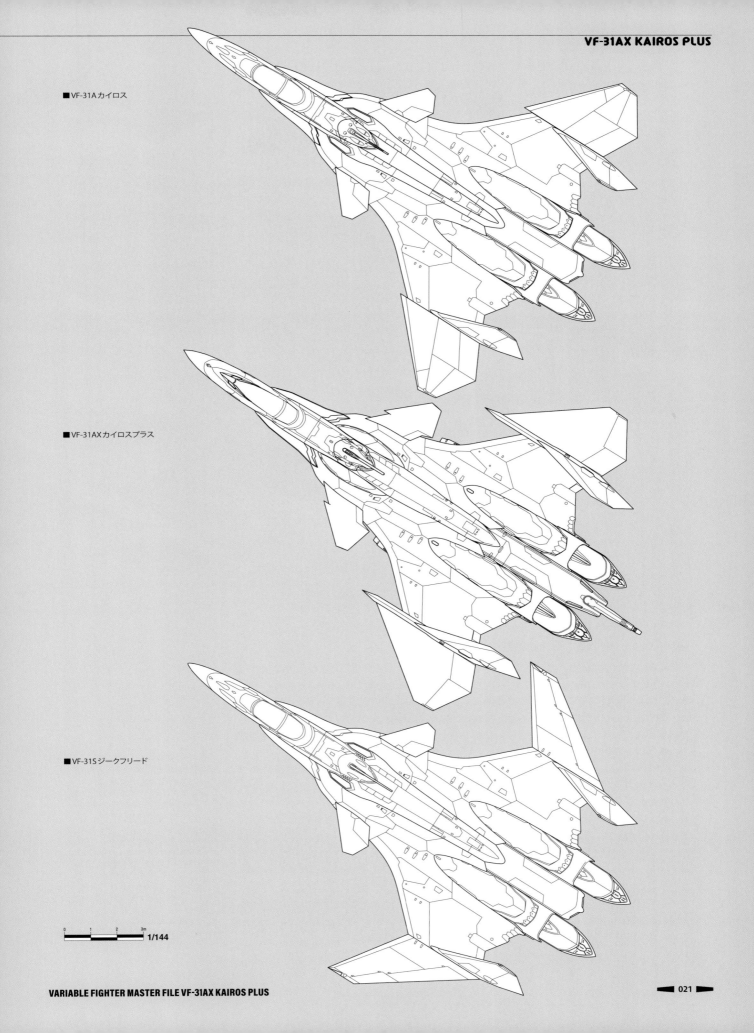

■VF-31Aカイロス

■VF-31AXカイロスプラス

■VF-31Sジークフリード

1/144

●VF-31AXカイロスプラスの戦闘

　その後、VF-31AXカイロスプラスはアステロイドベルトにおいて慣熟飛行を兼ねたDACTを実施した。手合わせを行ったのは5機の△小隊VF-31AXと、ゴースト4機にYF-29デュランダル1機を加えた混成部隊である。しかしこの模擬戦闘においてVF-31AXは相手になすすべもなくほぼ完敗した。ただしこれは、YF-29デュランダルに伝説のエースパイロット、マクシミリアン・ジーナス艦長※が搭乗していたことによるもので、ゴーストに対しては僚機との連携がうまく取れさえすれば互角以上に戦えることが判明した。

　この時のゴーストにはウィンダミアを奪われた時のVF-31Sジークフリードとsv-303ヴィヴァスヴァットの戦闘データが入力してあった。このデータ入力の際、機動を分析していて判明したのは、この戦闘時のSv-303が無人機だったことである。無人機であれば脆弱なパイロットがいない分、大きなGがかかる機動も可能になる。VF-31AXもVF-31SのISC※はそのまま搭載されていたので、ある程度のGからパイロットを守ってくれていたが、やはり機体の荷重限界までGがかけられるSv-303よりはかなり低くなる。しかし新統合宇宙軍では第一次星間大戦以来、ゼントラーディの空戦ポッドやクアドラン系パワードスーツなど、パイロットに人体改造を施してまでも高いGをかける機動兵器への対抗策を常に模索し続けており、ゴーストシリーズでのシミュレーションを通じてデータを蓄積してきた。実際、最初のVF-31SとSv-303との戦闘でも落としも落とされもしないドッグファイトが続いた。最終的にちょっとした隙をつかれてVF-31Sが被弾しているが、その力は伍していたといってよく、普段からの無人機ゴーストとの訓練が功を奏していたのかもしれない。

※マクシミリアン・ジーナス艦長
SDF-1の民間人からVF-1パイロットとなり、第一次星間大戦を通じて数々の戦功を立てた名パイロット。2070年前後の時期はS.M.Sに移籍しマクロス・ギガシオンの指揮を取っていた。

※ISC
Inertia Store Converter。慣性バッファ、慣性キャパシター。YF-24開発に関する「エボリューション計画」に不可欠なシステムとして最優先で開発が進められた。フォールド空間に慣性ベクトルのみを一時的に蓄積することで、それまで人間の肉体上限界とされていた高荷重領域での機動を行えるようになる。

VF-31AXを最初に運用したΔ小隊による編隊飛行。ヘイムダルの乱において、隊長のアラド・メルダース少佐（当時）は負傷により最終戦闘に参加していないが、その後快復し、機会こそ減ったが再びVFに乗るようになっている。なお同隊の#02はウィンダミア戦役の際に戦死した隊員のナンバーであり、欠番となっている。

●VF-31AX vs Sv-303

　VF-31SとSv-303との戦闘を分析した結果、Sv-303は機体規模が大きい分、新統合宇宙軍やケイオスが保有するゴーストよりも機動性能が劣り、スーパーパーツを取り付けたスーパーゴーストの60％程度しかないこと、エンジンが4基ゆえに加速は秀逸だが急減速はVF-31AX程度であることなどが判った。スーパーゴーストの60％といえどVF-31Sの機動性能を上回るのは確かだが、フォールドクォーツを増量しワルキューレの生体フォールド波共鳴による能力向上支援を受けることができるVF-31AXであれば、互角以上に戦えると判断された。

　VF-31AXとSv-303の戦闘は2度行われた。誤算だったのがヘイムダル側のSv-303も生体フォールド波共鳴による能力向上の支援を受けていたことで、1回目のゼントラーディ工場衛星の攻防戦では、このヘイムダル側の生体フォールド波によってワルキューレのそれが乱され、Δ小隊機は能力向上支援が途中で切断されてしまい、工場衛星はなすすべもなく破壊され主要惑星も制圧されてしまった。この時の戦闘記録の分析では、ヘイムダル側の生体フォールド波発信源は未成熟の生体1体のみで、学習型量子AIにより制御されていたことが判明した。もちろんシャロン・アップル事件以後、自己組織化能力を持つ軍用量子AIの研究開発及び運用は禁止されている。

　Δ小隊はヘイムダルの生体フォールド波へのジャミング・システムを作り上げ、VF-31AXは全機アーマード装備で2度目の惑星アルヴヘイムへの侵攻作戦、オペレーション・ヨルムンガンドに臨んだ。大気圏外でのアーマード装備は非常に有効で、エンジン4発のSv-303と互角以上の戦闘を行い、さらに"火事場の馬鹿力"的なワルキューレの増幅された能力向上支援により圧倒した。結果としてヘイムダルの生体フォールド波発生源のシステムダウンや内部分裂により、かろうじてオペレーション・ヨルムンガンドは成功したが、ワルキューレの支援という不確定要素に依って初めて第6世代VFの能力を発揮した点で、VF-31AXの運用には多くの課題も残したのである。

●ARIEL-IIIとフォールドクォーツ

ARIELシリーズは、VF-24系でARIEL-II、VF-31Sジークフリード（正確にはSYF-31）でARIEL-IIIとナンバーを重ねている。前者はISCという、機体とパイロットにかかるGを一時保留にするシステムにより大幅に機動性を増した機体の制御に対応したものである。ARIEL-IIIも基本的にはこの系列の発展型であるが、単なるバージョンアップではなく世代が一段上がっていることには別の根拠があるらしい。それは、フォールドクォーツなる物質を組み込み、機体制御に利用することが前提となっているというものだ。

YF-30クロノス以降を新世代VFと呼んで久しいが、厳密にいえば第6世代に分類されるVFは、YF-30、YF-29系、Δ小隊のVF-31AXカイロスプラスに限定される（それ以外は第5.5世代）。またその中でも明確に、フォールドクォーツのカラット数でランクを分けることができる（この際、個別のパイロットの能力は考慮されない）。また、量産機のVF-31Xはフォールドクォーツを積んでいないとされる。

フォールドクォーツは軍の最重要機密事項にも指定されている謎の多い物質である。軍需物資であり星間戦略物資であり、かつきわめて稀少である。大型のものともなると値段の付けようもないほどだという。その正体には複数の説があり、本書の別項では断定的に述べられている箇所もあるが、本来はそのすべてが憶測でしかない。判っていることは、コンピューターの演算ユニットとして使える結晶体であり、プロトカルチャー遺跡や星間生命体バジュラ※の体内で発見されるということくらいだ。バジュラと直接交戦したマクロス・フロンティア船団が多く保有し、一部は研究用として地球に送られたというが、果たして統合宇宙軍がどれほどの量を備蓄しているのかは不明だ。現在人類はバジュラとの接触機会を失っているため、新たに補充できる見込みも少ないといわれる。

このフォールドクォーツの演算ユニットとしての能力は想像を絶する。単に厖大（ぼうだい）な計算を高速で行える、といった単純なものではないようだ。一説には、量子演算が可能であり、あらゆる条件下で選択しうる分岐を同時に計算し、最適解を一瞬にして導き出すことができるといわれている。量子ビットを演算に利用する量子コンピューターの研究は2010年代以降、地球そのほかでも行われており、一部にはそのふるまいを利用したユニットも実用化された。初代のARIELもその一種であるが、能力としてはきわめて限定的で、またYF-19試作機に積まれたユニットにしか実装されなかったとも噂（うわさ）される（量子コンピューター的なふるまいを利用してはいるが、そのものを造ろうとしたわけではない）。ところがある時、天然に算出される鉱物と考えられた物質が、思いもかけずそうした能力を有していることが明らかになる。フォールドクォーツは、量子ビットとして見た場合、それまで実験室で実現できた数のおよそ4桁以上もの演算性能を示した。

量子ビットの概念や能力についての解説はほかの専門書籍に譲るが、要するに計算条件が増えても、それを一瞬にして最適解に導ける（量子ビットの数でその性能は決まる）。また、パイロットが直後に取り得る操縦操作の選択肢を含めての演算が可能で、選び取った方向性に対し瞬時に応答する。これを作戦行動中は無限に連鎖させることができる。この能力を付加する前提で設計されているのがARIEL-IIIだというのだ。

ARIEL-IIIは3つのメインユニットにそれぞれパラメーターの異なる条件判断をさせるが、これとフォールドクォーツを組み合わせることで高速かつ複雑高度な判断が行える。むろん、フォールドクォーツがなくても動作する前提であり、それらは量産機にも搭載されている。しかし、将来的に充分な量のフォールドクォーツが供給されるようなことがあれば、ARIEL-III搭載機のすべてがYF-29クラスの機体に即時生まれ変わる可能性がある（だからこそ、あえてフォールドクォーツ搭載機とそれ以外を区別するサブタイプがないのだと考えられる）。むろん、フォールドクォーツを積んだ瞬間に、目にも止まらぬ速さで縦横無尽に飛び回る戦闘機体が生まれるわけではない。また、パイロットの意思（いし）に依らず勝手に動き出すようなこともない。だが、たとえ特別の才能がない普通のパイロットでも、これらの機体に乗せれば潜在的に任務達成率が向上し、また生還率も上がる。特に少数対多という不利な状況になった場合にそれは顕著だ。戦闘空域において、不確定要素が多くなればなるほど先の予測や備えは難しくなるが、フォールドクォーツ搭載機は生き残るために採りうる選択肢を増やしてくれるからだ。

フォールドクォーツのもうひとつの知られている特性として、

※バジュラ
ネットワーク生物と呼ばれる宇宙生命体。体内のフォールド細菌と共生し、フォールドクォーツを精製することで多数の個体があたかもひとつの意志を持つ生物であるかのように振る舞う。当初は人類に敵対する脅威とみなされていたが、コミュニケーションが可能と判明。後にバジュラは自ら銀河宇宙から姿を消した。

YF-29 DURANDAL

マクロス・フロンティア船団が開発した試作VF。星間生命体バジュラの推定能力を基に策定された要求仕様にしたがい、VF-25のパーツを流用して製作されたといわれる。バジュラから得た稀少なフォールドクォーツを使用し革新的な装備性能を誇る。地球で同様の設計を用いて試作された機体はB型パーツィバルとされ、ほかにも仕様の異なる複数機が存在するといわれている。

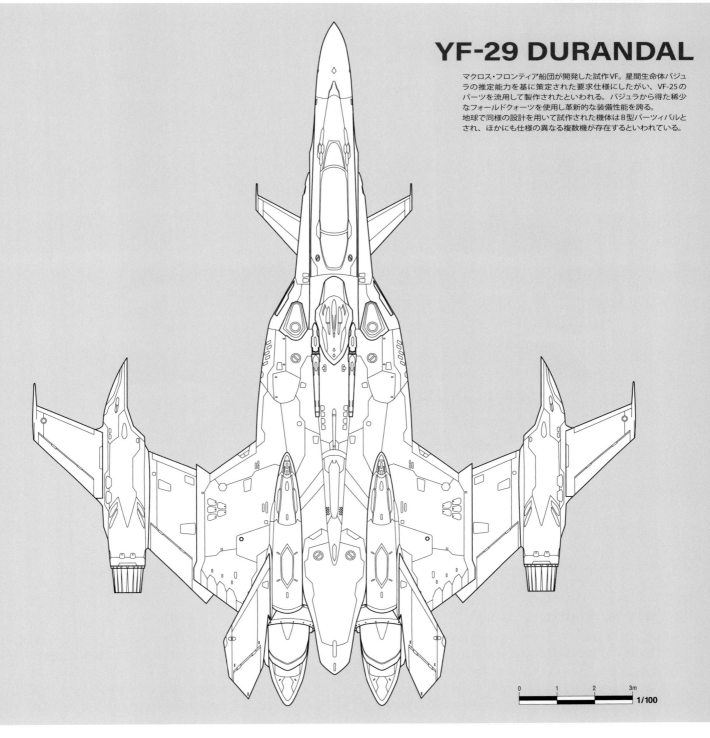

0 1 2 3m
1/100

別々のフォールドクォーツ同士がなんらかのきっかけで量子的に関係性を持ち、超空間通信が行えるというものがある。従来、時空を超える通信を媒介するものとしてフォールドウェーブが提唱されており、実際これを応用した装置なども多く開発されているが、フォールドクォーツはこれを発振し、共鳴を起こす。"共鳴"には現象の発現として様々なことが起こる。ただ、コンピューターの演算ユニットとして使う分には比較的技術上の問題は少ないが（電圧を3Dマッピングしてかける等）、量子通信や"共鳴"の発動条件はよく判っていない。人の願いや想いなどを増幅するとも

いわれているが、詳しくは不明だ。また、フォールド波は単に超空間を伝わる波というだけではなく、時空間に干渉できるともいわれる（YF-30クロノスはまさにその能力を持った機体であるとされるが、詳細は不明）。

なお、YF-29系では試作1号機のフォールドクォーツ（バジュラ由来）が最大カラット数であり、B型のパーツィバル以降を含めそれ以外の機体はそれより小さいかあるいは、地球で実験的に精製された大カラットのフォールドカーボンを積んでいると推測されている。

当時ブリージンガル球場星団において対策が急務であった
ヴァール・シンドロームに対し、戦術音楽ユニット「ワルキュー
レ」が組織され、Δ小隊はVF-31ジークフリード（正確には
SYF-31）を配備してこの支援任務に当たった。

●VF-31Xの可能性

　ARIEL-Ⅲないしそれに準ずるユニット（開発機のものを含む）を搭載する第6世代機は、フォールドクォーツを積むことで初めて想定された（あるいはそれ以上の）能力を獲得する。見かけはほとんど通常機と区別できない。また、前述のようにほかのフォールドクォーツとの共鳴現象により、思いもかけない現象を引き起こすことがあるという。この現象は超常的な、不可解かつ未解明のものと報告されているが、その現象はフォールド波が周囲の空気分子などに干渉することで機体の機動を向上させる、機体やパイロットの潜在力を引き出す、など多岐に渡りそれらが相乗的に効果を生み出しているらしい。機体機動の瞬間的な向上については、時空間に干渉できるフォールド波により、ISCの効力を"前借り"することで生じているのではないかとの説もある。

　Δ小隊がウィンダミア動乱の際に運用したVF-31ジークフリードは、フォールド波に対する一種の感覚器であるフォールドレセプター（BFA因子）を持つパイロットにより、上述のような共鳴現象を発生させ、"感覚拡張"と呼ばれる認識力や反応性の向上

を得て想定された以上の機体機動を引き出した。このことが判明してから、ケイオスはさらなる性能向上機を開発することを即座に決定した。要するにVF-31Xカイロスプラスとは、ARIEL-Ⅲとフォールドクォーツを搭載した時になにかが起こるということを理解したうえで、いざこれに由来する超常現象が発動した際に機体がこれを受け止められるよう、性能に相応のものを与えようとして開発されたということだ。高価で稀少なフォールドクォーツを積んだはいいが、機体がそれについていけず、またパイロットを危険に晒すようなことがあってはならない。

　では第6世代機にはBFA因子を持つ人間を乗せないと意味がないのかといえば、そうとも言い切れない。YF-19のところで述べたような優れたパイロットに与えたならば、たとえBFA因子を持たなくとも機体性能は高度に引き出されるし、そうしたパイロットは自らの熟練という適性によって機体を充分にコントロールできるからだ。だが、BFA因子を持つ者の"感覚拡張"はそれをはるかに凌駕する可能性があるのも事実である。

以上のように、VFの機体制御システムの開発とは機体のハード設計と
密接に結びついたものであり、かつパイロットと機械が生み出す相互作用
の限界をいかに突破するかの歴史でもあった。その意味で、YF-30以降
の実験機群はフォールドクォーツの応用によって未だ解明し尽くされては
いないものの、新たな力を得たことは疑いない。だがそれは、なんのた
めか?

　人類が銀河に進出し始めてすでに70年以上が経過した。その間、新
たな朋友たちとの邂逅、そして未知の脅威との遭遇など想像以上の事が
(現在進行形で)起きている。人類はかつて「生存」を第一の目的に掲げ
て宇宙へ旅立った。だが今はそれと同時に他との「共存」をはかる術を身
に着けなければならない状況にある。VF-31X同様、以降に開発・実用
化された新型もむろん新世代VFに含まれるが、それらはただ脅威や困難
を排除するために生まれたのではなく、平和への可能性を拓く切り札とな
る機体であるのかもしれない。すでに一定の役割を終えつつあるVF-31X
であるが、この重要な任務を担った先駆的VFであり、今後もなおしばらく
は機会さえ来ればこれをまっとうするであろうことは間違いない。■

△小隊の隊員はアラド・メルダース隊長によ
りスカウトされた第一級のパイロットたちであ
り、S型における最初期の実戦経験部隊として
多くの有用な運用データをもたらした。

STRUCTURE AND SYSTEM OF VF-31X
VF-31Xの構造とシステム

VF-31Xカイロスプラスは、もともと2つの計画機が合流して1つの基本形を成したVF-31Aカイロス及びVF-31Sジークフリードの発展型として生まれた。ケイオスが主導して開発したVF-31Xは、「最強の可変戦闘機」を目指した様々な試験機によって得られた「なにが必要か」という模索に対するひとつの解答を提示した機体であるといえる。そのことを、あらためて構造とシステムを解析することで検証する。

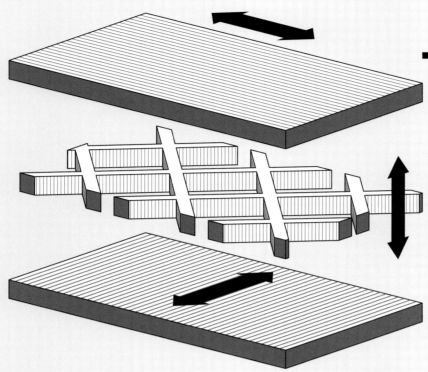

■VF-31AX/Xで採用された耐久向上性新フレーム材

分子配列を変え、一方向に特化した強度を与えた部材の強度方向を90度ずつ変えて3次元的に組み合わせる。全体的な圧縮、引っ張り、曲げといった強度は従来と変わらないが疲労に対する耐久性は格段に向上する。

機体構造

　第5.5世代VFの第6世代化となるVF-31Sジークフリードから、VF-31Xカイロスプラスへの進化に伴い、機体フレーム全体の構造的な見直しが行われた。ただし単純に構造を強化したなどという話ではない。第5世代以降のVFは、フォールドカーボンやフォールドクォーツを搭載したおかげでISCなどの特殊装備が使えるようになったほか、エンジン出力や機動性能などの基本的な能力も大幅に向上した。もちろんこれに合わせてフレームの構造を強化しなければ機体が耐えられない。期待のISCも影響範囲が狭く、ほとんどパイロット保護のためだけに使われていたため、高機動戦闘時には機体に高いGがまともにかかった。VF-25の開発時、既存材料でのフレームの構造強化はこれ以上は望めないという域まで達しており、当然の結果として構造重量も大幅に増えた。

　慣性重量が増えれば大気圏内外を問わず、加速性能や機動性能は悪くなる。しかしVF-25は新素材のハイパーカーボン・カーボン※HLC-1221のスキン・フレーム一体成型技術の全面使用により、強度を保ったまま大幅な軽量化を実現した。またVF-25はブロックごとの一体成型であるため、従来機のように破損個所を修理せず、ブロックをまるごと交換することにより運用コストを抑えた。しかし交換を容易にするためブロックの細分化が進められたため、運用していくうちにブロック同士の結合部の強度不足や機体全体に歪みが生じやすいなどの問題も露呈した。VF-31AではこれらのVF-25の問題をふまえてまたもや全面的な構造の見直しが行われ、HLC-1221製フレームに外板をリベット止めする方法がとられた。フレームとスキンの一体成形よりは重量がかさむが、修理・調整はしやすくなり信頼性も上がった。一体成型ブロックの場合は大きな衝撃が加わった場合ブロック全体に応力が伝播し、大きく歪んだり最悪は全体が破壊されたりする。一方、フレームにスキンをリベット止めした場合、大きな衝撃はリベットが破壊されることで吸収され、フレームやスキンが損傷することは少なくなった。

　VF-31Sはフォールドクォーツを搭載したため、基本的な能力が高くなり、本来は構造も強化しなければならなかった。しかし機体全体を保護できる新型ISCを搭載することになったため、フレームの強度はVF-31Aとほぼ同等で済み、構造重量の増加は最小限にとどめることができた。

　ところが、今度はISCが原因となる別の問題が露呈する。VF-31Sの統合軍における運用が始まっ

※ハイパーカーボン・カーボン
hyper carbon-carbon composite material。カーボン・カーボンは複合材の構成を示し、母材と強化繊維の両方がカーボン（炭素）由来の素材で造られているものをいう。

※エネルギー転換フレーム
エネルギー転換合金は、多層傾斜機能複合材の積層内に、特定の電磁パルスに反応して分子結合を数倍にまで高める性質の合金を挟み込み、軽量化と強度向上の両立を図った素材。従来のVFではこれを外装（エネルギー転換装甲）として使用していたが、VF-31系ではこれをフレームの構造材として利用している。

VF-31AX/XはISCによる機体機動制御がより進化しているが、やはり微細なコントロールまではできない。依然として空力や噴射による反動を利用した機動制御が欠かせない。しかし、ISCは機動でかかるGを相殺（正確には一時的に貯蔵）できるため、これまでの常識を超える高機動が可能である。

てからしばらくして、フレームの疲労が想定より異常に早く進み、完全なメーカー・オーバーホールに入らざるを得ない機体が続出したのである。当初、疲労の原因はフォールドクォーツの未知の作用ではないかと考えられていたが、よくよく精査してみると原因はISCにあることがわかった。ISCはかかったGと時間の積を圧縮して貯め込み、同じ量を任意の時間に展開・開放する装置であり、高G機動戦闘中、機体に人体が耐えられない大きなGがかからないようにしている。その働きを極端に単純化して述べるならば、戦闘機動中に20Gが1秒間かかったとすると、ISCがそれを機体にかけず圧縮して貯めておき、あとでGがかかっていない時に1Gを20秒間、機体全体にかけて開放する。初めてISCを搭載したVF-25では、解凍時にかかるGは機体の下方向に継続的にかかるように設定されていた。しかし、これでは戦闘機動中に貯めたGを帰還途中にすべて解凍しきれない場合があり、母艦にたどり着いても解凍が完了するまで、パイロットが降機できないケースが多々あった。そこで運用していく中で工夫され、機動でGがかかっていない時には、常に、たとえどんなに短時間であろうとも、こまめに解凍するようにプログラムを変更したのである。

　前述の通り、VF-31Sは機体全体に影響が及ぶ新型のISCが搭載されていた。その結果、機体の構造フレームには常にGがかかった状態になっていたのである。これが想定以上に疲労が早く進んだ原因であった。つまり、機体フレームにとって重要なのは、構造強度そのものももちろんだが、それよりもむしろ疲労に強い耐久性であったのだ。

　新星インダストリーの材料開発部では、疲労進行の原因がまだ不明の時期に、高耐久性のフレーム用材料の開発に着手していた。そして原因がISCによる多方向へ断続的にかけられるGと判明すると、最終的に単方向にかかるGにだけに対応できるように分子配列を調整したエネルギー転換合金を、あらゆる方向のGに対応できるよう立体的に組み合わせた、三次元構造のエネルギー転換合金を開発し、これをエネルギー転換フレーム※とした。この合金は、かかるGの方向にだけエネルギー転換の強化効果が表れるため、疲労の進行に対し極端に強い。また強度的には従来のエネルギー転換合金とはほぼ変わらない。これをHLC-1221製フレーム及びスキンと分子接合で組み合わせた。そしてVF-31Sの戦闘データとシミュレーションデータの分析により、新型ISCにより機体全体にかかるGの上限値が想定していた数値より下回っていたことが判明し、フレーム全体の耐G強度をやや下げることとした。これが大幅に重量を減らすことにも繋がったのである。

　ウィンダミアにおける対ヘイムダルとの戦闘では、破損したVF-31SジークフリードのパーツのいくつかをVF-31Xのパーツに交換してVF-31AXを作った。このパーツは新合金によって軽量化されており、外翼もそっくりそのまま交換、機体全体で25％のブロックを交換し、腕部のミニガンは大口径の物に交換したが最終的に重量はVF-31Sに比べ10％以上軽くなっていた。ただし、交換していないパーツとの強度、重量の差が大きく、重量配分が変わってしまったためバランスが悪くなり整備もしにくくなったといわれている。

■ VF-31AX/X 機首

VF-31AX/Xの機首はVF-31A/Sとまったく異なる形状となっており、構造材なども見直されている。ただし全長は変わらず、内部機器のレイアウトもほぼ同様である。

生命維持装置

EX-ギア

キャノピー

センサーウィンドウ

MFDS

レドーム

ISC（内部）

No.1 キャパシター（内部）

ARIEL-III（内部）

機首

　VFの機首は、生身の人間であるパイロットをはじめ重要な装備が詰め込まれた、VFにとって最も重要なブロックである。VF-31AXはVF-31Sの機首をそっくりVF-31Xの機首に交換してある。VF-31A/SとX/AXの最もわかりやすい識別点は機首ブロックで、特にキャノピーがA/Sの2ピースから1ピースキャノピーに交換されている。

　キャノピーはOTM※由来の金属（OTMetal※）の透明金属だが、機体と違って内部に構造材を入れることができない分、19mmという厚さをもつ一枚板からできている。強度的には胴体や主翼の外殻と変わらない。VF-31A/Sのキャノピーが2ピースで先端部分が機首上面に取り付けられていたのは、機首ブロックの強度を少しでも稼ぐためであった。前項の通り強度的な問題が解消したVF-31X/AXでは1ピースとなった。なお特に視界の妨げになっていたわけではないが、目障りではあった前方キャノピーフレームがなくなったことで、パイロットたちには歓迎されている。

　もうひとつの識別点は、キャノピー前方機首上面のセンサーウインド数である。A/S型よりも増やされているのは長距離索敵用の量子レーダーで、3,500km以上の遠距離を探索できるといわれている。VF-31A/Sでは探索距離が100km未満の短・中距離の量子レーダーを装備していたが、これで長距離も探査可能になった。なお従来の短・中距離の量子レーダーも精度が向上している。そのほかの内部主要機器の配置はほとんど変えられていない。

　コクピットもVF-31XではA/Sと変わらずEX-ギア※対応で、後席に通常のインジェクション・シートも装備できる。VF-31XはVF-31AXの機首ブロックがそのまま取り付けられてはいるが、戦闘能力向上のため後席のスペースにはもう1セットのフォールドウェーブシステムを搭載しており、複座にはできなくなっている。未確認情報だが、この追加のフォールドウェーブシステムによって反応エンジンやそのほかの能力向上に加え、パイロットの反射速度や運動能力の向上も促したとされている。機首レドームに搭載のレーダーはAA/AS/FS-125で、同120のマイナーチェンジ版であるが、発振素子数が若干増えており、素子自体の大きさがやや小さくなっている分トータルの発振面積は変わっていない。

※OTM
Over Technology of Macross。1999年に地球へ墜落した監察軍の宇宙船ASS-1がもたらした、地球外技術を由来とする技術体系を指す。地球産技術との組み合わせで発展的に成立した技術や素材なども含める。現在ではOTM由来の技術も一般化して久しいことから、用語として用いられることは少なくなっている。

※OTMetal
OTM由来の素材OTMat(O.T.Material)の一種。OTMの解析で実用化された金属素材を特にOTMetalと呼ぶことがある。

※EX-ギア
エクステンドギアシステム（EX-ギア）は、YF-24の根幹を成す技術の1つとして開発が進められた新操縦システム。VFの共通操縦システムとして規格化されており、パイロットの機外活動用装備としての役割も併せ持つ。パワードスーツ状のEX-ギアはパイロットが着込むような形で装備することができ、VF搭乗時には変形してコクピット内に収まり、脱出装置を兼ねたシートとなる。

※レーザーレーダー
電波の代わりに光学ビームを使用した索敵手段。LADAR (Laser Detection And Ranging。レイダー)、LIDAR (Light Detection and Ranging、Laser Imaging Detection and Ranging。ライダー) とも。

レーダーシステム

VF-31Xの索敵・探査システムは既述の通り長距離量子レーダーが追加されているほかは、VF-31Sの最新ブロックと同様の装備を搭載している。

○AA/AS/FS-125レーダー

機首レドーム内に搭載されているメインのレーダーで、VF-25に搭載されていたAA/AS/FS-06の発展型である。機首レドーム内に4,500個、主翼やエンジンナセル側面などに合計6,000個の発振素子があり、反射波を合成して3次元的にコクピットのモニターに映し出すことができる。ただし、索敵システムとしては電波を発信する従来方式のこのレーダーは前時代的な代物であることは間違いなく、ステルス技術とのイタチごっこが現在でも続いており、技術的なブレイクスルーがなければ将来的にはメインの座を量子レーダーに奪われることは確実とみられている。とはいえ100年以上にわたり熟成された技術であり、電波回析シートや機体各所に発振素子を設置できることでほかのセンサー類では太刀打ちできないほどの広範囲を探知できるため、完全に消えることはないともいわれている。

○LAPR-82レーザーレーダー

21世紀初頭に実用化に成功しVF-1からすでに搭載されているレーザーレーダー※もすでに円熟の域に達しており、特に大気圏外でのアステロイドなどの探知、形状把握に威力を発揮する。VF-31X/AXに搭載のLAPR-82レーザーレーダーは、VF-31Sに搭載のLAPR-78の上位機種で大気圏内探知能力を大幅に向上させてある。人類が生存可能な大気がある惑星ではレーザー光の減衰が激しいが、必ずといっていいほどレーザー光の減衰がほとんどない「大気の穴」※と呼ばれる波長域がある。LAPR-82では可変波長レーザー発振器を搭載し各移民惑星の「大気の穴」の波長に合わせたレーザー光を発振することができる。

対象が人工物の場合、レーザーレーダーで得られた3次元の形状データに通常光学カメラからの映像をマッピングし、データベースから所属等の情報を照合することが可能。ただし、最近ではSv-262ドラケンIIIのように機体に光学的マッピング※が可能な機体では探知できない場合があり、早急な対策が求められている。

※大気の穴
通常、レーザー光はほとんどの波長で大気に吸収されてしまうため射程が極端に短いが、地球大気で2バンド、エデン大気で3バンド、「大気の穴」と呼ばれるレーザーがほとんど吸収されない波長帯が確認されている。通常、VFに搭載されるレーザー砲の波長はこれら「大気の穴」に合わせてあるが、大気圏外ではそういった制約がないことから、射撃する対象に最も有効な波長を選ぶことが望ましい。そのため、可変波長型あるいは選択波長型のレーザー砲が研究され、現在では可変波長型レーザー砲を搭載している。

※光学的マッピング
近年のVFが装甲表面に貼り付けるようになった対光学兵器用気化シートは、プロジェクション・マッピング用スクリーンとしても機能し、任意の画像を機体表面に投影できる（厳密には外部から光を投影するわけではなく、シートそのものが可視光領域付近の電磁波を放射している）。機体のカラーリングは従来のように塗料を用いた塗装ではなく、このプロジェクション・マッピングによって表現されている。戦闘中は外形を特定されにくいシルエットや、敵からみて背景輝度と等しくする光を投影・放射することにより、欺瞞のための光学ステルスとしても用いられる。

※パラメトリック効果
非常に強い光と物質が相互作用する際に発生する非線形光学効果。入力された周波数よりも低い2つの光が出力される現象。

○OLC-07量子レーザーレーダー

VF-31Sで初めてVFに搭載された量子レーザーレーダーは、新世代のレーダーとして期待されている。大気圏内でも大気や水蒸気、雲はおろか、地形やどんな障害物も透過でき、既存のステルス技術は通用しない。ただし、現在は探知距離がまだ短く、レーダー自体にも搭載する機体にもフォールドクォーツが必須であるため、それが量産のネックとなっている。特にレーダー本体に使用するフォールドクォーツは、グレードの高いものが必要で生産も思うように進められないでいる。

量子レーダーは、高いグレードのフォールドクォーツに強力なレーザーを照射し、パラメトリック効果※で得られた相互エンタングル効果を持つ2系統のレーザービームを使用する。このレーダーはほぼタイムラグがないことが特徴だ。原理自体は1970年代に発見されていたが技術が追い付かず21世紀に入ってやっと基礎研究が始められたが第一次星間大戦ですべてが白紙に戻った。最近になってフォールドクォーツ技術の応用でやっと実用化されたものだ。タイムラグがなく、精度も高くステルスの効果を無効にできることから現在急ピッチで開発が進められており、将来的には機首レドーム内に収められメインのレーダーとなることが期待されている。

○QFSV-42フォールドレーダー

フォールドインする前に、フォールドアウト予定空間の障害物などを探るレーダー。数100光年という長距離をタイムラグなしで探査できるが、探査範囲が狭いのが欠点である。VF-19エクスカリバーやVF-22シュトゥルムフォーゲルIIが単独でフォールドできるように開発されたフォールドブースターに取り付けられるように小型化されたもので、2050年代にさらに小型化に成功しVF-25の機首に内蔵された。もちろんフォールドウェーブシステムの支援が受けられるフォールドカーボン／クォーツ搭載VFが前提のため、第5世代以降のVFにしか搭載できない。QFSV-42はVF-31Sに搭載されていたQFSV-34の改良型で、探知距離は変わらないが探知範囲はわずかに増えている。それでもフォールドアウトした空間の500m横に何があるか分からないため、主に緊急時の使用に限定されており、可能ならば大型艦の大型フォールドレーダーからデータを受け取ることが推奨されている。

機首センサーシステム

　機首ブロックにはレーダーや各種センサーが集中している。特にコクピット前方上面に集中しており第3世代以降VFの特徴にもなっている。

○CPX-900超高感度長距離視認用望遠カメラ

　レーダーが捉えた目標が何であるかを光学で確認するためのカメラ。レーダーエコーは本来単なる電波の反射波であり、それが「何もの」であるかの情報は入っていない。しかし、これが処理されコクピットのレーダー情報ディスプレイに表示される時、敵か味方、あるいはそれ以外であるかの情報が付随して表示される。これは目標が発信するIFF※の信号、あるいは判明しているはぐれゼントラーディ軍の識別信号などを受けてFCSが表示しているものだ。人類の行動範囲が地球から遠くなるにつれ、未知の脅威と出会う機会が増えた。例えばバジュラのような攻撃性のある生物は、レーダーには映っても識別信号は出さない。それが「何もの」であるかを見定めようと不用意に接近し、対象から攻撃されるケースもある。また敵がこちらを誘い込むため、わざと識別信号の発信を止めている場合なども考えられる。充分離れた距離から対象が「何もの」であるか目視で判断できれば、そういった危険から回避できる。CPX-900はそのためのカメラだが、超望遠であるため画角が非常に狭く、レーダーが捉えた目標の方向に正確に向けることはできても、スキャンしての索敵には向いていない。あくまでもレーダーやほかのセンサーの補助的な機器である。しかし1980年代から当時の「戦闘機」に搭載されていた装備であり、今だにこの系統のカメラが残されているということは、非常に有効な装備であることは間違いないだろう。

○IPRX-56P高感度パッシブIRセンサー

　これも古くから「戦闘機」に搭載されていた機器で、熱源探知用パッシブセンサーである。熱源から発する赤外線を探知、画像として確認することができる。例えばバジュラも生物であるため、周囲の空間よりは温度が高く赤外線を発しているので探知可能となる。レーダーなどほかのセンサーのデータと照らし合わせればバジュラか岩塊かなどの判別はできる。このセンサーは探査距離は短いがトラッキングが可能で、マイクロミサイルへのデータ連携も容易だ。またレンズを切り替えれば面単位での探査が可能で、熱源を探知した場合は望遠にして形状確認する。また大気圏外において、VFや戦闘艦などが加速に使ったエンジンの噴射ガスは、時間が経ちある程度拡散してもまだまだ背景放射に比べれば温度は高くIRセンサーで容易に見つけられる。そのため向かった方向や経過時間なども容易に判別することが可能である。

○QFS-12フォールドセンサー

　QFSV-42フォールドレーダーはフォールドウェーブを発振するアクティブなレーダーだが、こちらはフォールド現象を探知するだけのパッシブなセンサーである。探知するのはフォールドウェーブそのものではなく、物体がフォールドインやフォールドアウト時に観測される固有波形を持った重力波、磁力、電磁波などの複合波である。フォールドウェーブそのものではないため相手に逆探知されにくく、また探知距離も数十万kmに及び機体の全周をカバーする。

○そのほかのセンサー

　VF-31に限らず、VFは全周囲を警戒できるよう機体の各所に様々なセンサーを取り付けている。VF-19以降、パラボラ・ディッシュ式の首振りアンテナからフェイズドアレイレーダーが標準になって発振素子が機体の各所に取り付けられるようになった。一番多いのは主翼の上下面だが垂直尾翼にも取り付けられることがあり、これで機体の全周囲をカバーしている。また各モード時の後方や下方の警戒のため、小型の可視光カメラが至る所に取り付けられている。VF-31各型に共通のセンサー配置の特徴は垂直尾翼である。VF-31の垂直尾翼はメインレーダーの発振素子に加えフォールドレーダーのアンテナ、IFFやVHF、UHFなどの通常の通信に使うアンテナなどが内蔵されている。したがってバトロイドモードでもできるだけ露出するような配置になっている。また独立したHPMアンテナがあり、高出力電磁波を照射することにより追尾してくる敵ミサイルのシーカーを焼き切り無力化する。後方に向けてはレーダー警戒装置のアンテナ、フォールドレーダーは警戒装置のアンテナ、索敵用レーザー光の感知システムなども内蔵されている。

※IFF
Identification Friend or Foe＝敵味方識別装置。識別電波を発信し、それに呼応して電波を返してきた機体を味方と認識するための装置。

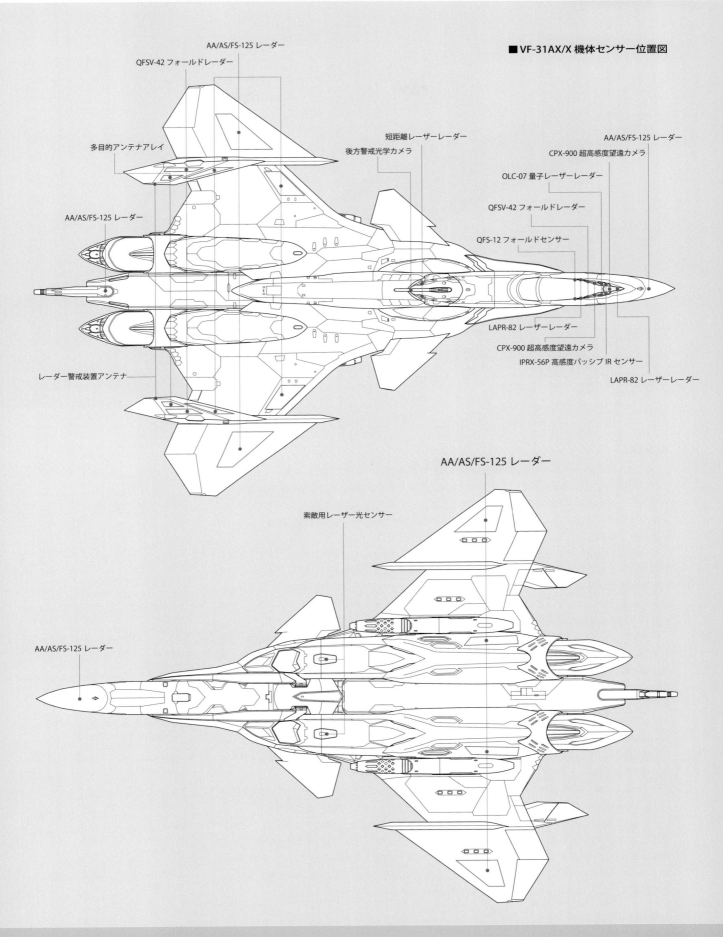

■VF-31AX/X 機体センサー位置図

AA/AS/FS-125 レーダー
QFSV-42 フォールドレーダー
多目的アンテナアレイ
AA/AS/FS-125 レーダー
レーダー警戒装置アンテナ

短距離レーザーレーダー
後方警戒光学カメラ

AA/AS/FS-125 レーダー
CPX-900 超高感度望遠カメラ
OLC-07 量子レーザーレーダー
QFSV-42 フォールドレーダー
QFS-12 フォールドセンサー
LAPR-82 レーザーレーダー
CPX-900 超高感度望遠カメラ
IPRX-56P 高感度パッシブIRセンサー
LAPR-82 レーザーレーダー

AA/AS/FS-125 レーダー
索敵用レーザー光センサー
AA/AS/FS-125 レーダー

訓練のため地上基地から通常離陸し、上昇する△小隊の4番機。パイロットはかのマクシミリアン・ジーナスの孫娘であるミラージュ・F・ジーナス中尉（当時）である。AX型運用初期のこの時期、スーパーパックの股関節ブロック用追加装甲を装着している写真が多い。空力的にほとんど悪影響がなく、防御のためのみに流用できるパーツであるため実戦やそれに準ずる状況（訓練など）で隊員たちが好んで使用していたようだ。他部隊でも同様のケースが見られる。

機首構造

VF-31X/AXでは、VF-31A/Sと比べ構造は変わったが機首内部の配置はほとんど変わっていない。コクピットを中心に前方はレーダー、センサー、後方に生命維持装置とISC、下面は前方から統合制御システムARIEL-III（後項参照）をはじめとする各種アビオニクス、前脚、そしてエネルギーキャパシター※が配置されている。文字通りのVFの心臓と呼べる装備が詰まっているため、機首フレームの構造設計では安全係数をほかの部分より若干高めに設定している。

レーダーを収めた機首先端のレドームは機首フレームの構造とは切り離されてはいるが、高速飛行時には真っ先に空気の抵抗を受ける部分であり、また重心位置から離れている分、旋回時にGや大きな空気抵抗を受ける。さらに大気圏内では常に断熱圧縮で高温となる。内部にレーダーがあるために内部にフレームを立てられず、しかもレーダー波が透過する素材でなければならない。意外に材料の選択や設計が難しい部分である。

VF-31のレドームは、キャノピーと同じチタン系OTMetalである透明金属のモノコック構造で作られている。この透明金属は可視光線をはじめレーダー用の電波など広い範囲の周波数の電磁波を透過する性質がある。したがって塗装前のレドームは透明である。ただし、こちらは常に断熱圧縮の熱が加わるため、キャノピーの材料とは配合を変えて耐熱性能を極限まで高めてある。この内側に電波回折シートを2重に貼り、より広範囲に電波の方向を変えて探索することができる。このシートはナノサイズのスリットが全面に開けられており、その間隔を微弱電流でコントロールすることで電波位相と方向を変え走査する仕組みだ。またレドームの基部にはMFDSやそのプロペラントタンクのユニットが組み込まれ、さらに変形時にはラウンドタイプの超電導リニアモーターにより180°回転して先端が下を向く機構が組み込まれている。

レドームより後方の機首ブロック構造は、新しく開発された耐久性の高いハイパーカーボン・カーボンとエネルギー転換合金の分子結合複合素材で作られたフレームに、同素材の外板をリベット止めしてある。VF-31A/Sではフレームと外板は一体成型されていた。この方式ではすべてが一体である分、構造強度は高いが、新型のISCのせいで常に応力がかかった状態にあると力の逃げ場がなくなり、時間が経過すればするほど内側の角の部分に応力が集中、限界を超えてクラックが入ると分子レベルで全体が一気に破壊されてしまう。フレームと外板を別々にすることで、どちらかが破壊されてももう一方は破壊を免れ、全体が一気に破壊されてしまうことはない。

※エネルギーキャパシター
エネルギー発生器である熱核エンジンからの電気的出力を一時的に蓄積し、必要な時に必要に応じた量を一気に取り出すためのコンデンサーの役割を果たす。概念そのものは旧世紀から存在するが、ASS-1（後のSDF-1マクロス）から発見されたテクノロジー（＝OTM）を流用することでVFの根幹を成す技術の1つとなった。

※VFC
Vortex Flow Controller。渦流制御装置。機首の噴出口から微量のガスを噴出し、機体面に発生する空気の渦の状態を変化させ、機体にかかる抵抗をコントロールする。

※RCS
Reaction Control System。反動制御システム。プロペラントの燃焼と噴射制御により機体の姿勢制御を行う機構。

※高AOA時
AOAはangle of attackで、進行方向に対して上方に傾いている機体の角度を現す。高迎え角。

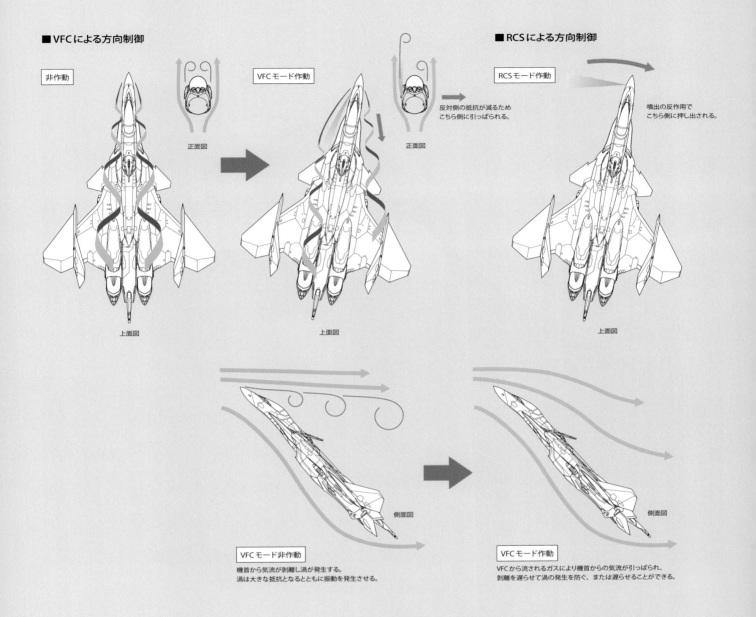

■VFCによる方向制御

非作動 / 正面図 / VFCモード作動 / 上面図

■RCSによる方向制御

RCSモード作動 / 反対側の抵抗が減るためこちら側に引っぱられる。 / 噴出の反作用でこちら側に押し出される。 / 正面図 / 上面図

VFCモード非作動
機首から気流が剥離し渦が発生する。
渦は大きな抵抗となるとともに振動を発生させる。

VFCモード作動
VFCから流されるガスにより機首からの気流が引っぱられ、
剥離を遅らせて渦の発生を防ぐ、または遅らせることができる。

側面図

MFDS

　MFDS（Multi Flight Dynamic System）はVF-19で初めて採用されたVFCに機能を追加して大気圏内外で機体のヨー及びピッチ・コントロールを行うために開発されたもので、機首レドーム基部に搭載されている。高度によりVFC、RCS※の二つのモードが自動的に切り替わって作動する。大気圏内の比較的低高度ではVFCとして働く。未だに誤解されるのだがこのモードはガスを噴射しての反動で制御するRCSではない。これは1980年代から実験が続けられたコントロールシステムで高AOA時※、気流が機体上方で渦を巻いてしまい垂直尾翼に当たらずラダーによるヨー・コントロールができなくなることから考案された。まず機首の側面に鋭角のエッジを持った張り出しを設ける。これをストレーキ、あるいはチェインと呼ぶ。チェインから発生するボーテックス（渦流）はエネルギーを持ち抵抗となって機首を常に後方に引っ張り、この力はAOAが高くなるほど強くなる。ここで左

右どちらかのMFDSの穴からガスを流し、機首左右のチェインから発生するボーテックスの発生を片方遅らせることにより、左右バランスを崩してヨーをコントロールする。したがって、しっかりとチェインからボーテックスが発生するような大気の濃い低高度で使われる。また上下からもガスを流し高AOAで安定した飛行をさせる。VFCモードが採用されたのは、高圧でガスを噴き出し反動でヨーをコントロールするRCSよりもガスの使用量が少なくて済むからだ。しかし空力操舵によるコントロールが効かなくなる大気の薄い高高度や大気圏外では、ガスに圧力を加えてRCSとして使用する。また大気圏外では水素を加えて点火し、より推力の高いスラスターとして使用する。これらのモードチェンジは機体の総合制御システムであるARIEL-Ⅲ（後項参照）が自動で行うため、パイロットは普段通りにスティックを操作するだけである。

VF-31AX/Xは外装やフレームの構造に新素材を採用することにより、強度を増した上で軽量化を果たし、さらには外形寸法（幅）をそのままに内容積を数cmのオーダーではあるが増やすことに成功した。そのためコクピットがわずかではあるが広くなり、操縦操作に余裕が生まれているという。

コクピット

　現在のところVF-31Xのコクピットについては何の情報もないが、VF-31AXが機首をそっくりVF-31Xのコンバージョンキットと交換したとのことなので、公表されているVF-31AXのコクピットが最もVF-31Xに近いと推測される。ただしケイオス・ラグナ支部のΔ（デルタ）小隊のVF-31AXはヘイムダルとの戦いに向けて後席をはずし、フォールドウェーブ機器を搭載するなどの改修を行っているので100% VF-31Xと同じというわけではない。

　Δ小隊のVF-31AXのコクピットはA/Xではオプションだったコクピット内に映像を投影するタイプのAR（Augmenting Reality）が搭載されている。これはコクピットの床や側壁、キャノピー内側に外部の光景とエアデータや目標の情報などを投影する。パイロットが下を向けば床を通して下方の光景が見える。VF-25やVF-31A/Sの標準ではパイロットのヘルメットのバイザーに映し出されていたが、ケイオスなど一部に、規定がゆるくヘルメットを装着しないパイロットが搭乗することを許している民間軍事プ

ロバイダーがある。VF-25以降ISCを搭載しているVFはコクピットの高いGや衝撃が伝わらないようなっているためヘルメットがなくてもパイロットの頭部の安全は保たれており、それよりパイロットの快適性や反応速度を優先した方がいいと考えているようだ。VF-19で初めて採用された、機体に高いGがかかった場合にシートをスイングさせてパイロットへかかるGを和らげる機構が、VF-31A以降は廃止されていることがその考えを裏付けており、また実際に重いヘルメットを装着した場合、装着しない場合に比べると真横（90°）を向くまでの時間が15%遅くなるという実験結果もある。ただしヘルメットを装着しない場合でも必ずEX-ギアの装着は義務付けられているという。従来の射出座席よりEX-ギアの方が安全性が高いと考えられているようだ。とはいえ、緊急脱出時にはEX-ギア後部に格納されているヘルメットを強制的にかぶせてから射出するシークエンスが加えられている。VF-31ももちろんEX-ギア対応コクピットとなっており、シー

トモードに変形したEX-ギアをあらかじめコクピットに搭載しておいてパイロットが搭乗することも、パイロットがEX-ギアを装着した状態で搭乗することのどちらも可能である。ただし、実際のパイロットにいわせると装着してから乗り込むのは難しく、よほど小柄か細身のパイロットでないと無理、とのことである。VF-31はバトロイドに変形しても機首ブロックは水平に保たれ、コクピットが内部で回転しないため機首内部の容積に余裕あり、またバトロイド用のモニターを廃止できたのでさらに余裕ができた。周知の通りEX-ギアはバトロイドモードにおいてパイロットの体の動きをトレースする。VF-31ではコクピット内に余裕ができたため、従来のVFより体を大きく動かすことが可能になった。それがあのΔ小隊のダンスをするように激しく動くバトロイドモードのVF-31というわけだ。現在新統合宇宙軍においてはVF-31パイロット向けの身体能力向上のトレーニングが導入されている。

　VF-31では待望の3Dホログラム投影装置が実装された。といっても正面のメインディスプレイのみで、情報が多重表示される程度である。正面のごく狭い範囲だけならレーザーレーダーで得られた3Dデータを立体的に表示することはできるが、やはりリフレッシュレートの問題で完全とまではいえないようだ。それでもメインのディスプレイ表示に加え、その周囲に補助情報が加わって情報量が増えることは、いちいちスティックから手を放してディスプレイのスイッチを押して表示を切り替えなくて済むと歓迎されている。

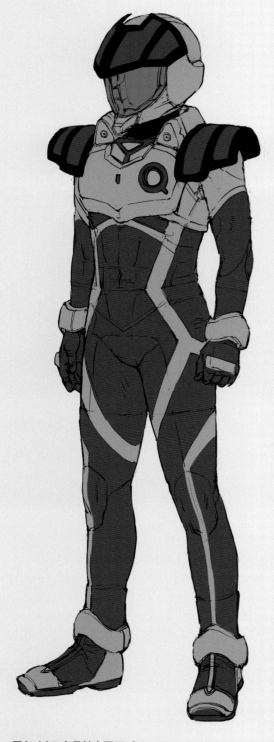
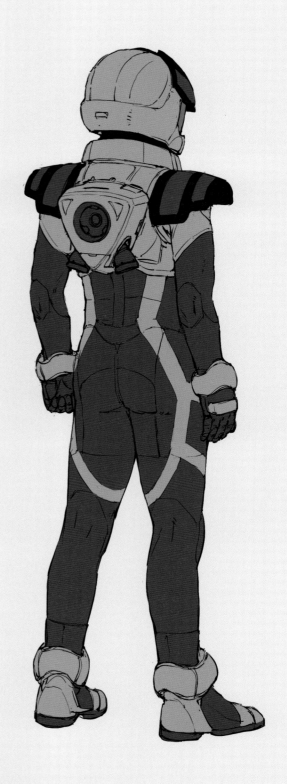

■ケイオス空母航空団用パイロットスーツ（2068 ～）
近年の最新鋭VFは、ISCの採用により本来であれば人体に強大な負荷のかかる機動を行っても、Gをほぼ相殺できるため以前よりもはるかに楽に操縦できるようになった。そのため、パイロットスーツはGによる負荷に対するアシストよりもむしろ、動きやすさや軽さなど、今まで犠牲になっていた着心地面の改善に重点が置かれるようになっている。着用する衣服に関して、違和感や着心地というものはパフォーマンスに大きく影響するため馬鹿にできない。VF-1の時代から、Gのかかるスーツのインナーなどは、縫い目による盛り上がりが内側にあると圧迫されて痛みを感じることがあるため、見た目は悪くなるが外側に縫い目がくるよう縫製されている。一般の衣料品とは考え方がまったく異なるのだ。

EX-ギア

　EX-ギア（エクステンドギア／エクスギア）はVF-24エボリューション計画で初めて提案された、VFの操縦システムである。機体よりも早く実用化され、VF用のみならず民生用までが開発され、現在ではVFに限らず民間航空機やデストロイド、戦闘車両用などが開発され広く普及している。

　VF用のEX-ギアはVF-24以降のEX-ギア対応VF用操縦システムとして共通化・規格化が徹底されている。つまり自分専用のEX-ギアを装着していれば、VF-24であろうがVF-31やYF-29だろうが、対応VFを操縦することは可能である。もちろんライセンスの有無や本人認証が通ればの話ではある。また今後開発されるVFもEX-ギア対応が前提となっている。

　EX-ギア非対応の従来型VFの射出座席は、航空機のシートとしてはかなり特殊だった。それは、VFが変形し高いGがかかる機動飛行を行い、さらには大気圏内外を行き来できる航空機だからだ。代表的な特殊機構を挙げると、対G用の変形機構、真空中での生命維持機能、生体モニター機能、ソフトスリープ入眠機能などがあり、そのすべてをEX-ギアも備えなければならなかった。とはいえ開発にそれほど困難があったわけではなく、現状のVF用特殊装備をそのまま、あるいは改良、小型化して組み込めばよかったので、開発は予想より短時間で終わっている。

　EX-ギア開発の背景には、VF-19以降急激に高くなったVFの機動性能がある。当時無人機に対抗するべく性能を高めたVF-19とVF-22は、人体の限界をはるかに超えるGをかけて機動戦闘が行えるVFだった。それまでは短時間であれば10G程度まではかけられたが、VF-19では様々な対策を取って15Gまでかけられるようになっていた。とはいえ、耐えられるというだけで実際に15Gもかければパイロットは指一本動かせなくなる。スティックを1mm動かすのもままならないのである。VF-19やVF-22ではパイロットの視線移動を探知することで緊急の操作が可能だったが、意思通りの細かいコントロールまではできなかった。そこで考え出されたのがパワーアシスト付きのシートである。

　最初に考えられたのはアームレストでひじから先を覆い、内部で腕の微細な筋肉の動きを読み取ってスティックの動きとして機体に伝える方式だ。しかし新世代のVFを開発することが目的のVF-24計画では、従来のシートに機能を追加するより、これからスタンダードとなるシステムを一から作ることが提案された。もともとVF用のシートは旧時代の「戦闘機」用射出座席（イジェクションシート）が発展したものだ。これに大気圏外の生体維持システムや対G機能などを追加していったために、多機能で重いシートになっていった。VF-24計画ではこうしたレガシーの一新を期しての提案だったと考えられる。

　まず必要だったのが機体からの脱出機能である。ベースとなったのは歩兵用のアシストスーツで、これに飛行用の折り畳み式主翼と化学式のエンジンを取り付けた。さらに従来VF用の様々な装備を組み込んでプロトタイプを作り、幾度となく段階的にテストを繰り返して機能をブラッシュアップしていった。そして完成したのが現在のEX-ギアである。

　VFに搭乗していない時のEX-ギアは、主翼を折り畳んだアシストスーツに見えるが、VFに搭乗するとシート状に変形する。ジョイントやコネクターで機体と物理的に電気的に接合されれば、機体の一システムとして機能を開始する。スーツを着用したパイロットの腕と足はカバーで覆われ、折り畳まれていた機体のコントロール・スティックとエンジンスロットルが展張する。足のカバーは足の動きを電気信号に換え、ラダーを操作する。また高いGがかかった場合、ARIEL-III（後項参照）の判断で手足のカバーが筋肉の微弱電流を読み取り、手足をまったく動かさなくても機体をコントロールできるモードに移行する。バトロイドモードでは手足の動きはほぼそのままバトロイドの手足の動きと連動させることもできる。現在、次世代のEX-ギアが開発中で、これは緊急時にISCがため込んだ未解凍のGを使い、パイロットに物理的な影響を及ぼさず安全に脱出できるようになるといわれている。

　シート状態になったEX-ギアを置いたまま、耐圧スーツを着用したのみのパイロットがVFのコクピットを離れることも可能である。通常は待機している自分の専用機に、これもまた自分専用のEX-ギアをスタンバイしておくことが多い。操縦やフィジカルなどに関するパーソナルデータはEX-ギアに保存されているため、パイロットが交代する場合はEX-ギアも交換することが望ましいが、緊急時などのためにセキュリティレベルを緩和することも可能で、他者の操縦を許容する設定としていることもある。

■キャノピー閉状態

キャノピーは通常、後端を基点に40度の角度に開放できる。パイロット着座位置の後方機材の積み下ろしや後席の増設など、必要があればキャノピーを外すことも可能。ただし、キャノピー形状からも見て取れるように、AX/X型は後席スペースをほとんど取っておらず、オペレーターやパッセンジャーを乗せることを前提としていない。また、緊急時に後席要員のみを脱出させることはできないが、これはA/S型でも同様であった（ただしキャノピーを投棄すれば可能）。通常はパイロットと後席要員は同時に脱出する。その際、後席はEX-ギアを装着して搭乗できないため、パイロットのサポートが必要である。

■キャノピー開状態

キャノピー

　すでに透明である必要はまったくないといわれて久しいVFのキャノピーであるが、VF-31でも透明のまま残されている。「次のVFのコクピットは透明キャノピーを廃し、完全閉鎖式にする」と発表されるたびに、退役した元パイロットや現役パイロットの反対運動、ロビー活動が活発になりすぐに撤回される。このVF-31もその例に洩れず、反対運動の末、透明キャノピーに戻った経緯がある。

　材質はVF-25と同じくチタン系OTMetalの透明金属で、シリコン系透明セラミックシートのサンドイッチ構造となっている。透明金属もセラミックシートもどちらも耐熱性能が高く、大気圏再突入時の断熱圧縮の熱にも溶けたり強度が落ちることもなく、また構造強度的にも機首ブロック外殻と同程度である。キャノピー自体は透明ではあるが金属なので、本来は電磁波を通さないはずであるが、透明金属の場合は透明であるがゆえに可視光をはじめとするある種の波長の電磁波を通してしまう。そのためサン

ドイッチされているセラミックシートに宇宙放射線を遮る機能を持たせ、同時にキャノピー内に索敵用電磁波やレーザー光を入れないという効果を加えている。さらにキャノピー表面にも電磁波遮断用セラミックコーティングが施されており、セラミックシートとともに2重の電磁波シールドを構成している。またバトロイドモードではキャノピー部分がコクピットより後ろの胴体上部の下に完全に潜り込むため、大気圏再突入時やバトロイドモードにキャノピーを覆うカバーは装備されていない。

　VF-31A/Sではキャノピー前端が分割された2ピース構造だったが、構造強度の問題が解決されたため1ピースに換えられた。地味に目障りだったフレームがなくなり、前方視界が良くなったとしてパイロットには好評のようだ。キャノピーの内側には、コクピット内の床や側壁と同様に機外の光景や様々な情報を映し出すための映像投影用の反射フィルムが貼られている。このフィルムの特徴は、可視光線をまったく反射せず吸収し、特定波長

主翼以外、目立つ形状の違いはないと思われがちなA/S型とAX/X型であるが、機首を比べてみるとまったく別の機種であるといっても過言ではないほどアウトラインが異なっている。コクピット内容積をわずかではあるが拡大しているため、居住性が向上しているだけでなく、特にバトロイド時の操作に好影響がある。

■側面図比較

VF-31S

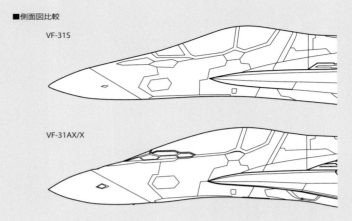

VF-31AX/X

■上面図比較

VF-31S   VF-31AX/X

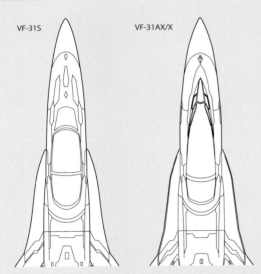

■前面図比較

VF-31S   VF-31AX/X

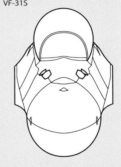
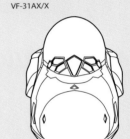

の紫外線のみを可視光に変換して反射することである。この性質を利用してプロジェクターが通常の映像を紫外線映像に変換して投射、フィルムが可視光に変えて映像として映し出す。無駄に変換を繰り返しているように見えるが、コクピット内の表示灯など発光部や直射日光が当たった機器、パイロット自身などがキャノピー内側に反射する現象はパイロットにとって有害で、特に夜間や高高度、大気圏外などキャノピーの外が暗い場合はそれが顕著になり誤認、誤判断の原因となる。これは長年パイロットたちを悩ませていた現象だが、この可視光を吸収するフィルムのおかげで反射光がなくなり、純粋にプロジェクターからの映像だけが映るようになった。プロジェクターが発する紫外線は不可視であるため投射部の光は見えず、またコクピット内の微細なダストなどの反射光も生じない。当初キャノピーの内側にはナノLEDディスプレイシートを貼る予定だったが、前述のようにパイロット自身を含むコクピット内オブジェクトの反射問題が解決しない

ため、この方式になった。またこの外部プロジェクター方式は3Dホログラフ表示の前段階の装備テストも兼ねており、いずれこの紫外線プロジェクターは3Dホログラフィック・プロジェクターに交換される予定である。

VF-31ではキャノピーにデブリバンパーとしての機能を加えた。キャノピーとキャノピーフレームを電気的に絶縁し、両者間に電圧をかけることによりイオン化した金属粒子でキャノピーを覆い、微細なデブリによるキャノピーの傷つきを防止している。もともとコクピット内は大気圏外であっても0.75気圧に保たれているので、ヘルメットをしないパイロットのためにわずかだが安全対策を追加した形とした。もちろん微細なデブリを電子間の反発力でキャノピーに直接ぶつけない程度の機能しかないが、それでも戦闘時に爆発などで生じる大量の微細デブリからキャノピーを守ることができる。そしてこのわずかな傷が時間とともに成長し、最終的に貫通してコクピットの気密が保てなくなるリスクを減らしている。

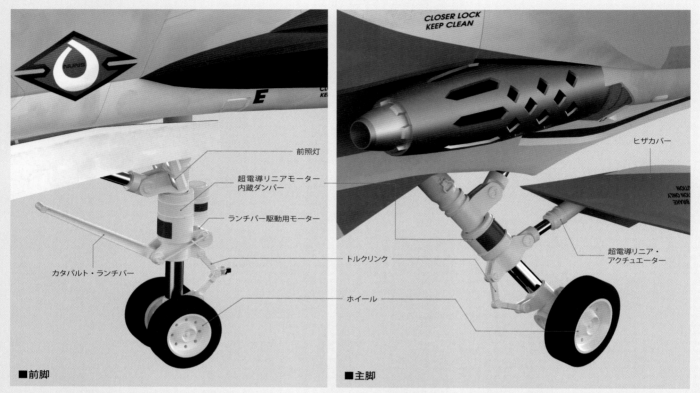

CLOSER LOCK
KEEP CLEAN

前照灯

超電導リニアモーター
内蔵ダンパー

ランチバー駆動用モーター

カタパルト・ランチバー

トルクリンク

ホイール

ヒザカバー

超電導リニア・
アクチュエーター

■前脚

コクピット直下にある前脚。近年の航宙空母は電磁カタパルトが主流のため、前に伸びるカタパルト・ランチバーの必要性は薄れているが、地上基地などでトーイングを行う際、接続に使用することから現在でも装備されることが多い。

■主脚

主脚（後脚）はエンジンナセルの膝カバーが開いて展開する。支柱はスネ前部のスペースに基部ごとスライドして格納されている。主脚は胴体幅よりもワイドに広がっているが、前後には機体重心に比較的近い位置にあることから、パイロットからは地上での取り回しの安定感には多少欠けるとの評価もあるようだ。

ランディングギア

　VF-31XではランディングギアがVF-31A/Sから変更になった。形状はあまり変わっていないが、構造が見直されてやや軽くなった。ただしVF-31AXの場合はそっくり交換した機首ブロックに取り付けられた前脚のみがX仕様で、エンジンナセルの主脚はVF-31Sのままである。またVF-31Xでは主脚も軽量化されたものになっている。

　VFのランディングギアは地上においてはなくてはならないものだが、空中に上がってしまえば用が済みデッドウェイトのスペース食いでしかない。それでいて頑丈に作らなければならないが、むやみに大きくはできずむしろ小さく軽い方が良いという設計者泣かせのパーツである。引き込み機構などを含めたランディングギア・システム全体の重量は機体の乾燥重量の5-10%を占める場合もあり、今後は材質の見直しを含めた軽量化が課題である。

　VF-31X/AXの脚柱の材質は従来と同じく高張力ハイパー・スチールHLS-222で、この材料は頑丈だがやや重い。しかし耐久性は高く、環境の変化に対する劣化も見られず信頼性も高い。VF-31X/AXの前脚はVF-31Sの前脚よりも軽く作られており、これはVF-31X/AXの機体自体が軽量化されたためである。変形の際に機首内でコクピットが回転しない分、変形機構とのスペースの取り合いもなく、また収納の際に回転軸を移動させずに済んだこ

ともあって、もともと歴代VFの中ではかなり軽い方のランディングギアである。

　ランディングギアの機内への引き込みは超電導リニアアクチュエーターが行う。駆動力が大きく、かなり高速で引き込まれる。これは、大気圏内発進において脚による空気抵抗を早く減らして離陸直後の速度を上げることに繋がる。脚柱内は二重構造となっており、内部には超電導リニアモーターがある。発艦時に外部環境に応じ機首の上げ下げをする場合に使うほか、離着陸時に磁気と誘導起電力に伴う力をショックアブソーバーとダンパーとして利用している。前後脚ともにタイヤホイールにインホイールの超電導モーターを装備し、タイヤを独立して駆動しエンジン推力を使わず機体だけでタキシング※することができる。VF-25ではまだパワーが弱く、格納庫内で整備のための移動くらいにしか使えなかったが、VF-31ではパワーアップしたモーターを組み込み、機体も軽くなったのでタキシングが可能になった。空母の艦上などでエンジンを使ってタキシングすると、ジェット・ブラストがほかの機体やデッキクルーを吹き飛ばす危険があるが、駐機エリアまでの移動にエンジンを使わなくて済めばそれだけ艦上の安全性が高まる。またこのモーターは電磁ブレーキとしても使えるため、アンチスキッド回路※を内蔵させて着陸時の安全性を高めている。

着陸脚を降ろして地上基地への着陸態勢に入るVF-31AX。前脚支柱の上部には前方を照らす4つのライト（前照灯）が見える。

※タキシング
航空機が離陸または着陸の際に滑走路と地上施設の間の通路を、出力を絞ったエンジンの噴射を推力として移動すること。支援車両などの牽引、またはプッシュバックはタキシングとは呼ばない。

※アンチスキッド回路
強いブレーキがタイヤをロックして路面を滑る状態になると制動力が低下するため、自動でブレーキ強度をコントロールして静止までの時間を短縮、かつ制動中のある程度の操舵を可能にするシステム。アンチロック・ブレーキシステム（ABS）。

　VF-31の主脚を見ると、歴代VFの中で最も困難な設計であったことが窺える。主脚はエンジンブロックのヒザ内に取り付けられており、ヒザのカバーがそのまま主脚収納部のカバーとなっている。ヒザ関節はもともと変形のための複雑なメカニズムがあり、それでいてエンジンへの空気供給をスムーズにするために、できるだけストレートなダクトを形成せねばならず、VF設計では常にスペースの取り合いとなり設計の難しい部分である。VF-31では、ヒザを通るダクトの曲げ方を従来の蛇腹式から3分割パイプの回転方式にした。この方式だと空気流をできるだけ損失なく送ることができるうえ、強度も高くメカニズム自体もシンプルで省スペース化できる。メカニズム自体は1990年代にVTOL戦闘機の技術立証機のために開発されたものだが、VFのヒザ関節内部に組み込むには変形の速度が上げられず、いったんは棚上げにされた経緯がある。近年、小型で強力な高速超電導リニアモーターが開発されたためにようやく実現できた。もともとVF-1以降の歴代VFの主脚は機体の重心位置の後方に取り付けざるを得ない構造になっていて、離陸が難しい飛行機だった。主脚が重心位置より後方だと離陸のために機首を上げることが難しい。ヒザ関節付近に主脚を取り付けることはVF開発者の長年の夢だったのである。とはいえ、新しい変形機構を採用してヒザ関節位置に主脚が組み込めるようになったのはいいとしても、結局通常の主脚よりはるかに小さな主脚が取り付けられているのを見ると、組み込みには相応の苦労をしたことがわかる。
　主脚の基部は収納時に後方（エンジン側スペース）に引き込まれる。主脚タイヤは90度回転してヒザ関節内に水平に収まり、ダクトスペースをできるだけ広く確保するようにしている。脚柱もタイヤも小型だが機能的には充分で、引き込みの際に使われる超伝導リニアアクチュエーターが着陸時のショックアブソーバーとダンパーとして働くのは前脚と同様である。

■VF-31AX アラド・メルダース機

■VF-31AX ミラージュ・F・ジーナス機

頭部モニターターレット

　頭部モニターターレットには、主にバトロイドモード用として対空レーザー砲及びレーザーレーダー、対地レーザースキャナー、複数の光学センサーに高解像度のモニターカメラ、各種の通信装置が内蔵されている。またファイター及びガウォークモードでは後方警戒・射撃用として使われる。歴代VFでは頭部ターレットだけで様々なバリエーションを持ち、高機能の画像処理システムや長距離通信システム、超高感度センサーを内蔵したものなど、様々な機能に特化したモニターターレットが用意された。VF-31もその例に洩れず機能特化型のモニタタレットが複数用意され、実

戦テスト運用時に同時にテストされた。ケイオス・ラグナ支部の Δ 小隊もそのテスト部隊のひとつで、所属機がそれぞれ別のモニタータレットを装着していた。基本的には同じものだったが対空レーザー砲の数やセンサーの感度などを変え、消費電力や戦果などのデータがとられ、その後のVF-31Sのモニターターレット仕様決定の参考にされた。

　Δ小隊のVF-31AXでは、さらに踏み込んで搭載装備を変えてのテストが行われた。ウィンダミアでの式典終了後、Δ小隊はマクロス・ギガシオンに回収されてそのままVF-31Xのコンバージョン

■VF-31AX チャック・マスタング機

■VF-31AX ハヤテ・インメルマン機

■VF-31AX ボーグ・コンファールト機

キットを換装、テストを行う予定だった。しかしSv-303ヴィヴァスヴァットとの戦闘で所属VF-31Sのすべてが破損したため、このX型のパーツを使って応急修理を行った。搭載したターレットは#01がレーザー砲4門の通信設備を強化した指揮官型、#04がレーザー砲2門で通信設備とセンサーを強化した準指揮官型、#03、#06がレーザー砲1門の標準型、#05がレーザー砲を変えた2番目の標準型だった。ちなみに△小隊では#02は永久欠番となっている。なお、#03はもともといわゆるイージスパック・テスト機だったが、AXへの改修時にイージスパックは通常のビームキャノンパックに換装され、モニターターレットも標準型に交換されている。また、#03と#06では形状はほとんど同じだがセンサー感度が変更されているという。

搭載しているレーザー砲は#01、#03、#04、#06がVF-31Sと同じマウラー RÖV-127Eだが、#05だけはガルザー GeZ-15Sという新型の15mmレーザー砲を搭載している。このガルザー GeZ-15Sはマウラー RÖV-127Eより口径が大きく、連射可能時間も若干長くなっているが消費電力が多い。#05に搭載されたモニターターレットはマウラー RÖV-127Eとの比較テストのために作られたものである。

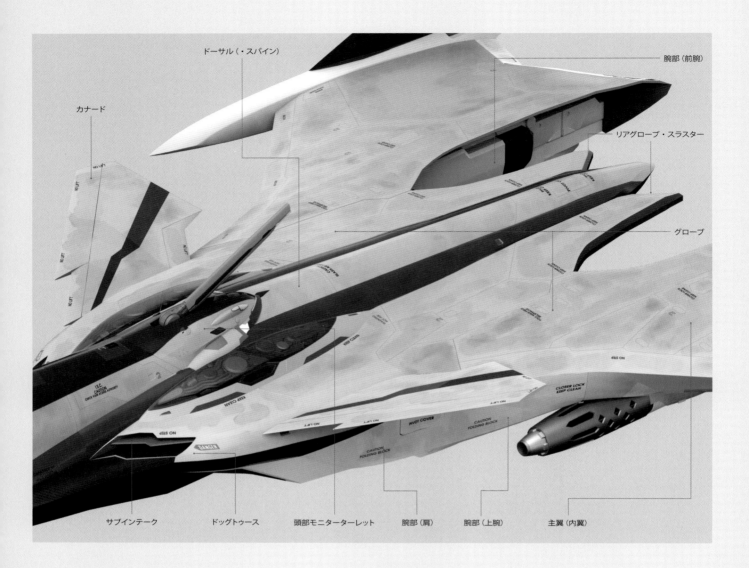

カナード

ドーサル（・スパイン）

腕部（前腕）

リアグローブ・スラスター

グローブ

サブインテーク　ドッグトゥース　頭部モニターターレット　腕部（肩）　腕部（上腕）　主翼（内翼）

胴体構造

　航空機としてのVFには様々な形態・形式があるが、ほとんどのVFはコクピット後方からエンジン間へと続くドーサル※と、その左右に広がるグローブ※と呼ばれる平らな部分を胴体と呼ぶ。ブレンデッド・ウイングの場合は主翼と胴体の境界が曖昧になるが、ほとんど見た目の区別だけの問題となっている。

　中央のドーサル内には、主に熱核融合反応剤とプロペラントが入っており、中央に頭部モニタータレットが露出する。左右のグローブ内には、変形機構とVF-1から伝統のエアフロー・コントローラーがある。このエアフロー・コントローラーは初代VFであるVF-1バルキリーから装備しており、現在までほぼすべてのVFに搭載されている空力デバイスだ。VF-1では主翼の後退角を変更した際に、移動する空力中心を重心位置に合わせるためにグローブ部分の揚力を増減させるためのものだったが、カナードなどを装着せずとも空力中心を移動させることが可能で大気圏外戦闘時にはプロペラントタンクにもなり、大気圏内外においてまったく無駄な空間にならないところが長く採用されている理由だろう。

　内部は複数の板が設置されており、前後に動いて空気抵抗を増減させ、揚力をコントロールするというシンプルだが確実な方法である。これも基本は70年前から変わっていない。エアフロー・コントローラーを通った空気は基本的に後部から排出されるが、熱交換器を介すため温度の上がった排出気流によるロケット効果が期待できる。また一部は内翼に導かれ、後縁のスラスター内で大気圏内では燃料の水素、大気圏外ではグローブ内部に満たされたプロペラントと水素を燃焼させ、ガウォークモード時の推進や姿勢制御にも使用する。このスラスターのノズルはリニアスパイク型となっており、大気圏内外で最大効率となるように作動する。

　VF-19からグローブ前端のサブインテーク前縁ラインに段を設け、主翼でいうドッグトゥースを付けるようになった。まさにドッグトゥースと同様に、ここから高AOA時にボーテックスを発生させて胴体上面の気流の剥離を防いでいる。VF-19以降、高AOA時でも非常に安定した飛行ができるようになったのはこのドッグトゥースのおかげだ。それまでは高AOA飛行時は各動翼を細か

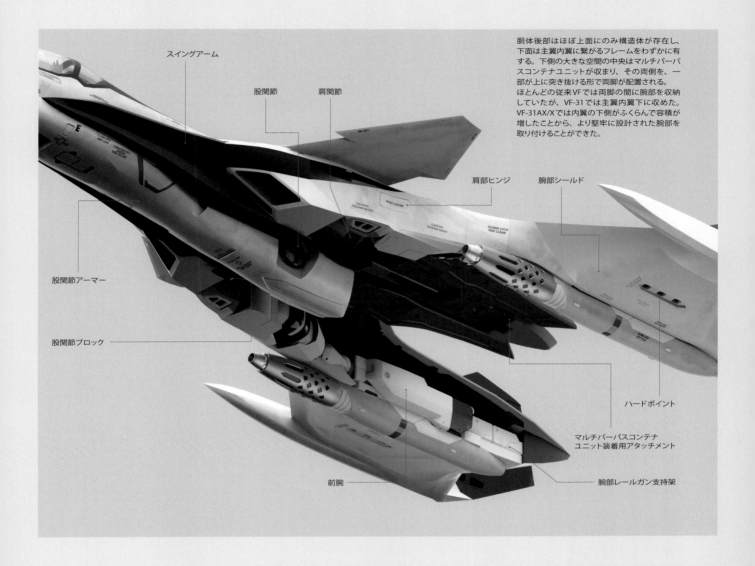

スイングアーム

股関節

肩関節

股関節アーマー

股関節ブロック

肩部ヒンジ

腕部シールド

ハードポイント

マルチパーパスコンテナ
ユニット装着用アタッチメント

前腕

腕部レールガン支持架

胴体後部はほぼ上面にのみ構造体が存在し、下面は主翼内翼に繋がるフレームをわずかに有する。下側の大きな空間の中央はマルチパーパスコンテナユニットが収まり、その両側を、一部が上に突き抜ける形で両脚が配置される。ほとんどの従来VFでは両脚の間に胴体を収納していたが、VF-31では主翼内翼下に収めた。VF-31AX/Xでは内翼の下側がふくらんで容積が増したことから、より堅牢に設計された腕部を取り付けることができた。

※ドーサル
ドーサル・スパイン（dorsal spine＝背骨）。上面中央の機首から繋がる盛り上がった部分。本来は空力的な構造物であったが、現在では同時に機器類やプロペラントを搭載するスペースとしていることが多い。本書ではドーサルと略して表記している。

※グローブ
グローブはVF-1の時代から可変戦闘機の胴体（body）のうち機体上面を指す用語として定着している。可変翼の基部を内包する手のひら、またはそれを包む手袋のような形状からグローブと呼ばれるようになったらしいが、詳しいことは不明である（F-14トムキャットのグローブベーンが由来とする説もあるが確認できない）。ボディという用語については、航空機の胴体のことを従来はfuselageといった。しかしこの語の原義は「細長い紡錘形」であり、新しい時代の戦闘機、特にVFに当てはまるケースはほぼない。また人型のバトロイド形態にもなるVFの特性から、現在ではボディと呼ばれることが多い。

く動かして姿勢を安定させており、常に作動している分、動翼のアクチュエーターには耐久性能の高さが求められたわけだが、空力的に機体が安定していればその必要もなくなる。

胴体は変形のための計9個のブロックに分割されている。うち2つは内翼上面ブロックである。構造的にはそれぞれフレームに外板をリベット止めという機首の構造と変わらない。各ブロック間を固定するジョイントや変形時の駆動用アクチュエーターなどは、VF-31X/AXで新型ISCの影響により常に負荷がかかっているため、耐久性の高いものに交換されている。

YF-30から採用された変形のための構造で、以前と大きく変わったのが腕の収納位置である。VF-31ではバトロイドの腕部を主翼下面とエンジンナセルの外側に組み込むようになった。これは両エンジンの間にマルチパーパスコンテナユニットを置いて、より柔軟な任務に就けるようスイングロール性能（装備変更などのために一時帰投せずとも一度の出撃で複数の任務が遂行できる能力）を高めようとした結果である。従来は両エンジンの間に腕部が収納されていた。この方式はゼネラル・ギャラクシーのVF-22シュトゥルムフォーゲルⅡで採用された方式だが、後続で採用するVFはなかった。この方式では、収納場所の問題からどうしても腕部が小さくなりガンポッドの保持が困難になるなどの問題があったが、腕部に固定した武装をファイターモードでも固定武装として使えるという利点があった。VF-31A/Sでも対光学兵器用気化装甲に対抗するため、実体弾を発射するLM-25S 25mmレールマシンガンが搭載されている。VF-31X/AXではより効果の高いLM-30A 30mmレールマシンガンを搭載した。そのため、主翼下面がやや下に張り出すようになっている。

機体に搭載されたフォールドクォーツがなんらかのきっかけで強力なフォールドウェーブを発振する現象は、未だに謎に包まれている。このフォールドウェーブの発動は周囲の空気に分子レベルで干渉し、機体周囲の空気の流れまでを制御し異常なほどの機動力を発揮する。また、大気内においては「黄金の衣」をまとったようにも見えるという。

フォールドクォーツ・ドーム

　ファイターモードのVF-31X/AXでひときわ目を引くのが、モニターターレット両脇のフォールドクォーツ・ドームだろう。この中には主にフォールドウェーブシステムの送受信装置とフォールドクォーツが収められている。単なる宝石と思われていた「フォールドクォーツ」(もともとはこういう名前ではないが)に秘めたる力が隠されていたことは最近になって判明したことであるが、21世紀に入らんとする時期から連綿と続けられてきた異端の研究が小さな宝石と関係しているなどとは誰も思わなかったであろう。

　第一次星間大戦がリン・ミンメイの歌をきっかけとして終わったことは、文化を持たないゼントラーディ人のカルチャーショックによるものと当然のように誰もが考えていたが、2030年ごろから当時医者の卵だったガジェット・M・千葉※が、歌そのものに何らかのエネルギーがあるのではないかと考え始めたのである。つまり地球では昔から戦場において軍歌に代表される自軍の戦意を向上させるような歌、逆に相手の戦意を喪失させるような歌が歌われてきており、それとミンメイの歌の効果を関連付け、未知のエネルギーが存在すると考えたのだ。それは千葉が統合軍アカデミー附属病院に入所し、Dr.マオ・ノームと出会って確信に変わった。Dr.ノームは子供のころの体験から長年、歌エネルギーを研究しており論文も書いていた。しかし2048年にDr.ノームが調査中に行方不明となり、千葉が研究を引き継いで2051年に「フォールド場統一理論」を発表したのである。

　この"相手を弱体化させ、こちらの能力を向上させるエネルギー"など初めはまったく相手にされなかった。しかし論文が発表される6年前の2045年に、この理論をもとに作られたサウンドエナジー兵器がマクロス7を襲ったプロトデビルンを撃退した事実が知れ渡ると、様々な研究機関によって水面下で細々と続けられてきた研究が表舞台に立ち、一気に研究が進んだ。当初は歌い手の能力や遺伝的因子によるものと考えられていたサウンドエナジー効果だが、複数のフォールドクォーツの共鳴により増幅させることができると判明したのは最近で、マクロス・フロンティアがバジュラと交戦し、まとまった量の研究用フォールドクォーツが獲得できてからである。また搭載したフォールドクォーツを共鳴させると、VFのエンジン推力や機動性能などが大幅に向上することが判った。マクロス・フロンティアが作ったYF-29デュランダルはこの研究をもとに開発されたフォールドウェーブシステムとバジュラから採取した高グレード、大カラットのフォールドクォーツによる能力の底上げにより、凄まじい戦闘能力を発揮して対バジュラ戦に勝利している。

※ガジェット・M・千葉
サウンドエナジー理論やフォールド統一場理論を構築した新統合軍の軍医。鬼才と呼ばれる人物であるが、自ら実用化したサウンドエナジー・システムが認められるまでは異端児扱いされていた。

※ヴァール・シンドローム
バジュラが銀河宇宙から去ったことで新たな寄生先に人間を選んだフォールド細菌は、フォールド空間を通じて感覚拡張を促し、人を進化させる可能性さえ持つ。しかし、現在の人類はその情報量の増加に耐え切れず、強烈な感情が伝播することで周囲の人間を巻き込み凶暴化してしまう。これがヴァール症候群である。

※レディM
ケイオスのCEO。2059年頃より同社組織で名を知られるようになったが、一般にその姿は知られていない。また、それ以前の経歴も明らかではない。

※バトル・アストレア
反統合軍組織ヘイムダルの旗艦。バトル級大型空母を大幅に改造しており、原型を留めていない。艦橋に「セイレーンデルタシステム」の中枢を置く。

※セイレーンデルタシステム
プロトカルチャーの残した「星の歌い手」のクローンを核として生体フォールド波を発生させ、そのフォールド波の増幅、調整、調律などを接続されたシャロン・アップル発展型量子AIデバイスにより処理するシステム。詳細は本書「Sv-303 ヴィヴァスヴァット」の項を参照。

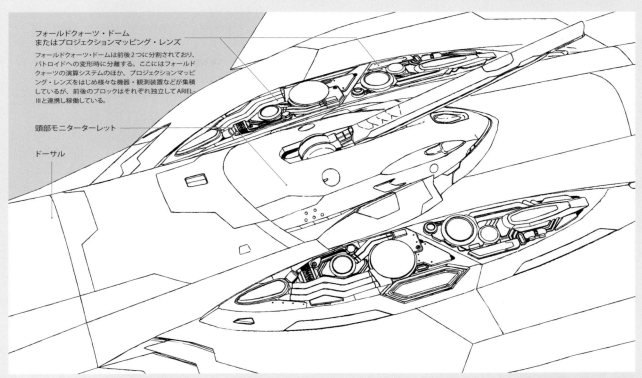

フォールドクォーツ・ドーム
またはプロジェクションマッピング・レンズ
フォールドクォーツ・ドームは前後2つに分割されており、
バトロイドへの変形時に分離する。ここにはフォールド
クォーツの演算システムのほか、プロジェクションマッピ
ング・レンズをはじめ様々な機器・観測装置などが集積
しているが、前後のブロックはそれぞれ独立してARIEL・
IIIと連携し稼働している。

頭部モニターターレット

ドーサル

フォールドクォーツ（FQ）・ドーム（またはプロジェクションマッピング・レンズ）はVF-31AX/Xで大型化した。便宜上FQドームと呼んではいるが、この部分の全容積に対し、FQの結晶体自体は極めて小さい。FQはフォールドウェーブを発振することで様々な現象を起こすが、この発振波は物質や時空間を超越するため、FQやその送受信装置を表層近くに置く必要は本来まったくない。重要な戦略物質でもあることから、機体深奥に設置すべきと思われるのだが、そうしていない理由については幾つか考えられる。FQはその物理的配置の組み合わせによって能力が変化する性質があるという。機体制御能力を一定のレベルに調整するためには試行錯誤が必要で手がかかるため、い

つでも再調整が可能なよう機体上面にFQDを置いたという説が最も有力である。将来的にグレードの高いFQを搭載する場合でも、機体表面に設置しておけばドーム自体の交換は容易だ。VF本体が破壊された場合はなるべく回収すべきで、そのためドーム自体がカプセル化されているという未確認情報もある。
そのほか、FQが超常的な能力を発現する際には人間の目にも捉えられる「光」を発することがあり、周囲にそれを明示的に知らせるために、プロジェクションマッピング・プロジェクターを内蔵し、透明金属で覆われたこの部分に搭載されているという説もある。発動した状況は、僚機にも予測不能な影響を与える可能性があるからである。

　2059年、バジュラとの戦いを克服した人類に対し、新たな脅威が発生する。ヴァール・シンドローム※と呼ばれたその病気は、人間が突然自我を失って狂暴化し破壊の限りを尽くす、というものだった。この奇妙な症状は、バジュラが銀河外に去り、行き場を失ったフォールド細菌が人体に寄生して起こるものであったが、それが判ったのは、しばらくしてからのことである。その後「フォールドレセプター」と呼ばれる受容体を持つ者が現れ、この者たちの歌声に含まれている生体フォールド波がヴァール・シンドローム発症の鎮静・予防に効果があることが突き止められた。レディM※率いるケイオスでは、その者たちを集めヴァール・シンドロームを鎮静・予防する目的で戦術音楽ユニット「ワルキューレ」を結成する。

　ケイオス・ラグナに配備されたVF-31Sは、そのワルキューレの支援システムの一環でもあった。その役割はヴァール・シンドロームを発症した対象（巨人のゼントラーディ人、VFやデストロイドのパイロットなど）に対し、戦闘を行いつつ、後席のワルキューレ・メンバーの歌声に含まれる生体フォールド波をフォールドウェーブシステムで増幅し、マルチパーパスコンテナユニットに搭載したプロジェクションユニットで相手に照射することで

鎮静化する、というものだった。

　この一連の活動において、ワルキューレ・メンバーが発する生体フォールド波とVF-31Sに搭載されているフォールドクォーツが共鳴し、機体性能を大幅に向上させたことが確認されている。ヘイムダルとの戦闘に際して、VF-31AXではこの現象を利用してSv-303ヴィヴァスヴァットに対抗できる戦闘力を得ようとした。この戦闘においては、ワルキューレはVF-31AXには搭乗せずマクロス・ギガシオン艦上で歌い、同艦搭載の大型フォールドウェーブシステムで歌声と生体フォールド波を増幅して送信した。受信するVF-31AXは、もともと搭載していたグローブ部分とは別にコクピット後席にあたるスペースにもう1セットフォールドウェーブシステム搭載し、また搭載量も増やしてより戦闘能力が高まるようにしていたという。フォールドクォーツ・ドーム内の生体フォールド波受信装置もより効率の高いものと交換されたため、ドーム自体も大型化している。この改修によりVF-31AXはYF-29デュランダルと同等の戦闘力を得ることができたのだった。さらにワルキューレは、Sv-303をバトル・アストレア※から遠隔操作するセイレーンデルタシステム※のジャミング装置も開発してギガシオンに設置、Sv-303の弱体化にも成功している。

VF-31Aカイロスと平面形が似ている印象を受けるが、実際の形状は大きく異なっている。VF-31は胴体と内翼の境目がないブレンデッド・ウイングで、巨大なドッグトゥースの外側に外翼が付く。主翼形状は大気圏内における空力飛行に多大な影響を及ぼすのはもちろん、大気圏外機動においても重要な役割を果たす。"正解"はなく、多数の異なった形状が見られるが、いずれにしろ機体の機動性を決定する重要な部位であり、そこには設計者や発注者の意図や目的を窺い知ることができる。

主翼

VF-31シリーズにおいてA/AX型とS型で平面形が大きく変わっている。A/AX型においては外翼に後退角の付いたテーパー翼が取り付けられており、全体的にデルタ翼に近いシルエットになっているが、S型では外翼に前進角がついており主翼全体の平面形はW字型となっている。

VFにおいて翼平面形の決定は難しい。それはVFが大気圏内のみならず大気圏外でも運用しなければならないからだ。大気圏外での主翼の役目はプロペラントと酸化剤の貯蔵、機体の冷却、それに翼端スラスター効率の向上だ。主翼面積はタンク容量と冷却効率に繋がるので広い方がよい。また翼幅はロールを行う翼端のスラスターの効率を考えるとある程度長い方が良い。しかしこれでは大気圏内での戦闘において空気抵抗が大きく、不利となってしまう。VFの主翼形状はこれらの要素のせめぎあいで決定される。歴代VFに可変後退角翼が多いのは、これらを両立させることを目的としたからだ。

どちらもYF-30から進化したにも関わらず、VF-31のA型とS型の主翼平面形が大きく変わっているのは、既刊で言及しているようにVF-31Sの開発にケイオスが関わっているからである。当初VF-31Aと同様に外翼が後退角付きだったVF-31Sだが、試作4号機から外翼に前進角が付いた。これは大気圏内、特に低空域での機動性能向上のためVF-19アドバンスのデータを参考に変更されたものだ。大気圏内において主翼の前進角は後退角と同じく衝撃波の発生を遅らせ高速飛行が可能になるが、後退角と逆にロール方向の安定性が悪くなる。ただしVFの場合、安定操作を統合制御システムが行うのでそこに問題はなく、逆に素早いロールが可能になることから対空戦闘においては都合が良い。

VF-31Sの場合、数字だけ見ると翼幅が広く、面積も大きいため大気圏内でのロール率はそれほど高くはないはずだが、実際にはVF-25に匹敵する高いロール率を持つ。それはこの前進翼のおかげであることは明らかだ。ケイオスではワルキューレ支援の一環で、市街地においてヴァール・シンドロームを発症した巨人ゼントラーディ人やデストロイド・パイロットなどの制圧を行うことを想定して、よりトリッキーな機動を可能とするために採用したようだ。ただし、前進翼は空気抵抗により上に振り上げる力が加わるため、翼の付け根などの強度を増さねばならない。特に外翼はバトロイドに変形する際に180度折り畳むため、完全に内翼と一体ではなくヒンジを介して取り付けられており、捩れに強い可変機構にする必要があってこれも重量の増加に繋がる。また翼端スラスターの位置にも長短あるのだが、これは後述の「主翼端スラスター」の項で解説する。

※BLC
Boundary Layer Control。境界層制御。流体が物体の表面を流れる時、流体の粘性により物体の近くで周囲よりも速度の低い領域が発生する。この遅い空気の流れの層を境界層といい、物体付近の流体速度が一定以下になると逆流を起こす層が現れ、あたかも流れが物体表面から剥離するように見える（境界層剥離）。航空機の翼において、この状態では流体は主翼表面で大きな渦となって抵抗を生み、揚力を失ってしまう。この剥離を防ぐための工夫がBLCである。

※コアンダー効果
流体が、その流れの中に置かれた物体の表面に沿って流れようとする現象（例：水道の蛇口から細く流れ落ちる水に球状の物体を触れさせると、水の流れは球の表面に沿って流れの向きを変える）。

もうひとつ、VF-31Sの前進翼ゆえのA型との特性の違いが、垂直尾翼の効果である。内翼と外翼の境目には起倒式の垂直尾翼（後項参照）がある。内翼は後退角が付いており、翼の表面に沿って空気が流れるため内翼と外翼の双方から空気が流れ込み、垂直尾翼の効果を高めることでラダーの利きを良くしている。A/AX型では外翼付け根にドッグトゥースを設け、ボーテックス（渦流）を発生させて垂直尾翼から気流が剥離するのを防いでいる。

X/AX型になって前進翼が廃されA型に近い形に変わったのは、これら空力特性や強度の問題などから総合的な判断をしてのことだろう。恐らく最大の要因は、外翼付け根のヒンジ機構の強度である。新型ISCによって機体にかかるGは軽減されるが、空気抵抗はGとは関係なく、容赦なく前進角が付いた外翼を振り上げようとする。恐らく機体のほかの部分に比べヒンジ機構の強度と重量を落とすことができず、重量バランスが変わってしまうからではないかと推測できる。

VFの主翼は、バトロイドにおいては背面や側面などを防御するために使われる。そのためエネルギー転換装甲がふんだんに使われる部分である。VF-31の場合はバトロイド変形時、内翼を中心に外翼と垂直尾翼が重ねられ、3重のプロテクターを形成する。もちろん背面胴体とはヒンジで繋がっており、任意の角度に動かしてより効率的な防御位置にすることが可能だ。

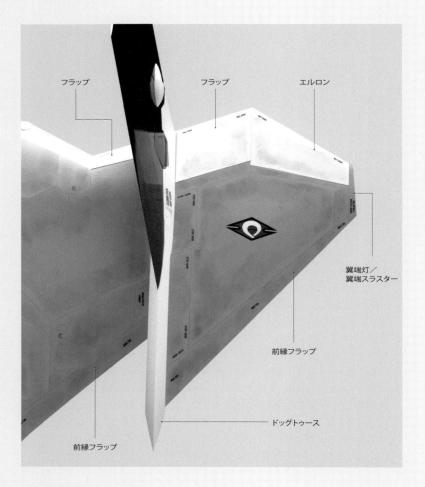

フラップ

フラップ

エルロン

翼端灯／
翼端スラスター

前縁フラップ

ドッグトゥース

前縁フラップ

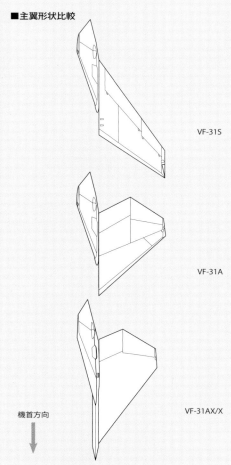

■主翼形状比較

VF-31S

VF-31A

VF-31AX/X

機首方向

●主翼動翼（フライトコントロール）

　VF-31の主翼には外翼にフラップとエルロン、内翼にフラップが取り付けられており、大気圏内における操舵に使われる。この仕組みは一般的な大気圏内を飛行する航空機と変わらない。

　各動翼はBLC機能※を持ち、大気圏内での動翼の利きを良くしている。BLC機能を持たせるため、各動翼の付け根にはスリットが開いており、動翼を作動させるとこのスリットから高圧の空気が噴出す。この気流によるコアンダー効果※を使い、急激に角度が変わる動翼部分において翼面上を流れてきた気流が剝がれず、動翼面に追従するように働く。これは大気圏内を飛行する航空機に100年以上前から使われている技術である。

　VFでは、大気圏外においてもこのBLC機能をそのまま使い、高圧空気の圧力を上げスラスターとして各軸のコントロールを行っている。大気圏外では、エンジンから導かれた高圧空気を用い、プロペラントや酸化剤を消費しないので燃料切れの心配はない。

　VF-31では翼端と機首以外の姿勢制御用スラスターが廃止された。大気圏外での姿勢制御は主に新型ISCによる解凍されたGを使って行うが、微妙な制御にはやはりスラスターが必要となることから、BLCの機能を拡張し、スラスターとして使用することとなったのである。

　ファイターモードでの操縦方法は基本的に従来の航空機と変わらない。右手のスティックでピッチとロールを制御し、両脚はフットペダルでヨー制御、左手のスロットルレバーでパワーコントロールを行う。各動翼の働きは大気圏内では気流を受けての反力、気流制御の効かない空気の薄い大気圏上層や大気圏外ではスラスターの反力を利用するが、パイロットは大気圏内外を意識することなく、同じように操作すれば機体の統合制御システムARIEL-III（後項参照）が外部環境などを加味して自動的に操舵方法を選択し実行する。ガウォークモードでも機体コントロールの基本はファイターモードと変わらないが、エンジンの代わりに内翼付け根のスラスターで前進加速を得る。

　操縦操作に関しては、ファイターモードからガウォーク及びバトロイドで大きく変わる。EX-ギアを装着していることが前提だが、腰の部分だけが操縦席内部に固定され、上半身、腕と両足は基本的にサポートアームを付けたままフリーとなり、サポートアームが両手両足の移動をトレスすることで機体の両手両足の動作に反映される。またパイロットの体の動きをトレスするため、重心移動なども素早く行える。パイロットの動きは増幅されるため、例えばバトロイドの両手を真上に上げる際にパイロットが自身の腕を真上まで上げる必要はない。その増幅量はパイ

■フラップの動き

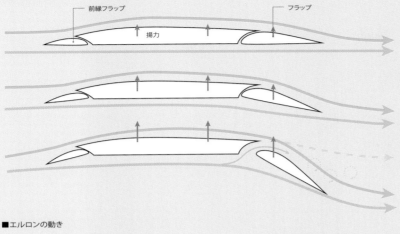

前線フラップ　　フラップ

揚力

■エルロンの動き

機体の向き・進行方向　　　　　　　　　　エルロン

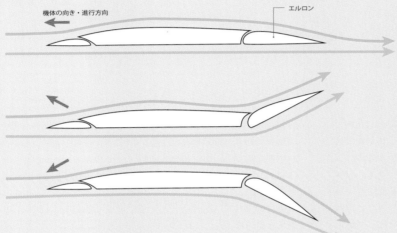

航空機の動翼は、適切に揚力を加減して機体の動きをコントロールするために付けられている。高揚力装置であるフラップは、下向きに曲がることで翼の曲率を上げて上面を流れる空気の流速を増す（左図中央）。翼面の上下で圧力差が高くなることで、上向きの揚力が発生する。

揚力を上げると抗力（ドラッグ）も増えることから、通常よりも速度は出なくなる。つまりフラップは着陸時など、速度よりも揚力を稼ぎたい場合に使用される。逆にいえば、速度を落とすと翼上下の圧力差が小さくなる（＝揚力は低下する）ので、フラップにより必要な揚力を生み出すのだ。

左図下のようにフラップを下げすぎる（フラップ翼面の迎え角が大きくなる）と上面の空気の流れがより速くなり、限界を超えると翼面から剝がれる現象が起きる。すると翼面上下の圧力差に乱れが生じ後方に乱流が発生、抵抗が増すとともに揚力が失われる（失速状態。図の破線状態）。これを防ぐために、主翼の中央構造とフラップの間にわざと隙間を作る。下面からの空気流の一部が上面に流れ込むことで剝離を防ぐことができ、求める高揚力を得ることができる。

エルロンは補助翼とも呼ばれ、航空機の機動を制御するために使われる。エルロンはフラップとは異なり、上下に動く。上に動かすと空気の流れの中で翼は上向きの角度を取ろうとする。下に動かす場合は逆に下向きになろうとする。これを利用し、左右の主翼にそれぞれ付いたエルロンを差動させる（互い違いに動かす）ことで、機体を傾けることができる（ロール方向の動作）。基本的には効きを良くするために主翼の外側に配置される。

エルロンは左右を同時に動かすことで、機体そのものの上下の動き（ピッチ方向の動作）を制御することもできる。水平尾翼を持つ航空機では、この役目は水平尾翼に付けられる方向舵（エレベーター）によって行っていた。VFは基本的に水平尾翼を持たないため、この制御をエルロンが受け持つ。このエルロンとエレベーターを兼ねる補助翼をエレボンと呼ぶこともある。

また、特に左右両翼のエルロンを下方に下げるとフラップとしての働きをする。フラップとエルロンを兼ねている補助翼をフラッペロンと呼ぶ場合がある（VF-31は別にフラップを持っているため、エルロンとは区別している）。

ロット固有の設定が可能であり、さらに数時間の操作でARIEL-Ⅲが移動量などの癖を覚えてくれる。ただし、それまでは習熟・慣熟が必要とされる。

このシステムの導入により、VF-31のバトロイドモードは従来機では不可能とされた動作も可能になり、「ダンスも踊れる」といわれている。両手の指はEX-ギアのハンドカバーがパイロットの指の動きをトレスし、ガウォーク、バトロイドの腕に伝える。メインカメラで見ながら指を動かし、繊細な作業を行うことも可能であるという。ただしバトロイドでの歩行及び走行に関しては、コクピットの中で歩く動作をする必要はない。スイッチや音声で歩行モードに切り替えれば、スロットルレバーの操作や音声入力で歩く動作を基本に速度の変更なども行うことができるようになる。

コクピットから各動翼やスラスターへの信号伝達方法は、電磁波によるFBRW（Fly By Electromagnetic Wave）が使われている。これはVF-19で初めて使われたFBRF（Fly By Radio Frequency）と同様の遠隔伝達システムである（メーカーが違うため名称が異なる）。これはコクピット内の操作やEX-ギアからのトレス信号などを電波にして各部に伝えるシステムで、電源用と信号用のケーブルの一切を廃することができ、製造時や整備時の配線間違いや変形機構に配線を通すスペースを設ける必要がなくなり、重量削減にも繋がる。A/S型ではこのFBRWで各動翼、カナード、エンジン、スラスターを操作していたが、X/AX型では加えてランディングギアや変形機構、それにマルチパーパス・コンテナの操作にも使われるようになった。これは伝達用電波の周波数帯を広げたことで、操作できるストリームが増えたためである。さらに暗号化技術の進歩と機器の信頼性が高くなったことでメインとバックアップの2系統を設け、安全にコントロールできるようになった。また、EMP兵器の攻撃を受けた場合の防御用として電磁波伝導部にフォールドカーボンを使ったステルス用電波吸収材E-FAM（Electromagnetic radiation Fold Away Material）が貼られている。送受信機自体も厳重にシールドされ、機体内部に余計な電波が混信しないよう、こちらもE-FAMが貼られている。

外部に露出する脚柱の電磁ブレーキやランディング・ライトなどへの電源線や信号線は、従来通り電気ケーブルが使われている。アクティブ・ステルス技術の発達により機体外形や表面での電波吸収、拡散をする必要がなくなり、機体表面にE-FAMが貼られなくなったが、システムの変更により今度は機体内部にE-FAMが貼られるようになったのは興味深い。

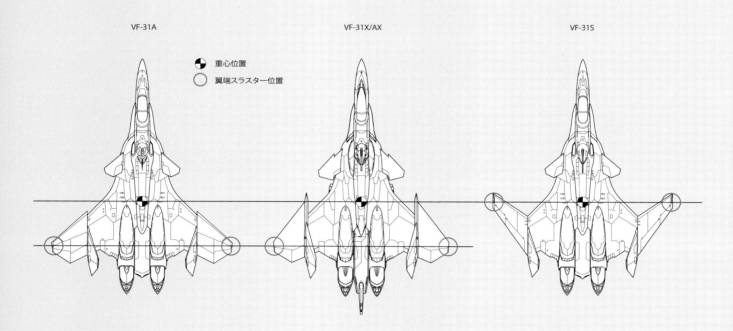

VF-31A　　　　　　　　VF-31X/AX　　　　　　　　VF-31S

● 重心位置
○ 翼端スラスター位置

主翼端スラスター

　VF-31各型共通で、主翼端には主として大気圏外でのロールコントロール用に、P&W社の小型スラスター HMM-11Sが取り付けられている。HMM-11Sは、VF-25のコクピット後方や翼端スラスターとして採用されていたHMM-9の小型軽量版である。水素を燃料、酸素を酸化剤とし、推力はHMM-9よりやや低いが、基本的にVF-31の姿勢制御は新型ISCの解凍されたGで行い翼端スラスターは微調整に使うだけであるため問題はない。薄い主翼に収めるため、燃料と酸化剤のタンクは平たい形状で外翼内容積の1/3を占める。

　VF-31AとVF-31Sでは、この翼端スラスターによる姿勢制御の特性が変わる。VF-31Aは外翼に後退角が付いていて翼端スラスターが機体の重心位置から後方に離れているが、VF-31Sでは外翼に前進角がついていて翼端スラスターの位置はほぼ重心位置に対し横並びとなっているからだ（上図参照）。

　VF-31Aでは、左右の翼端スラスターを上下同じ方向に作動させればスタビレーターの代わりとして使え、ピッチコントロールが可能になる。左右を逆に作動させればエルロンの代わりにロールをコントロールすることができる。VF-31Sの場合、この位置ではロールのコントロールは可能だがピッチコントロールはできず、上下方向への平行移動となる。この平行移動は対空機動としては特殊で、後方に付いた敵の意表を突き射撃をかわすなど有効な使い道がある。もちろんVF-31Aでも機首のMFDSと併用すれば上下の平行移動は可能だが、作動させるスラスターがひとつ増える。燃料に限りのあるスラスターであるため、これは問題だ。

　VF-31Sで前進角付き外翼が採用されたのは、大気圏内での機動性能の向上に加え、大気圏外でのこの機動が効率よく行えるという狙いもあった。ちなみにVF-31の重心位置は各型共通で、カナードの後方内翼の始まる位置のあたりに設定されており、これは大気圏内での飛行に最適の位置である。大気圏外運用時で

も同じ位置に重心が設定してあり、いつ大気圏内に再突入しても戦闘が継続できるようにしてある。俗にVF-31Sの平面形シルエットが前進翼のせいでW字型に見えるため、ワルキューレの頭文字「W」をかたどっているのではないかといわれているが、これは新星インダストリーとケイオスが明確に否定している。

　VF-31X/AXでは主翼がデルタ翼に戻り、翼端スラスターも後方に移動している。フォールドクォーツ増量による能力の底上げで、前進翼にしなくても充分な機動性能が得られると判断したと考えられる。

　ヘイムダルとの戦闘において、ケイオスのΔ（デルタ）小隊パイロットがVF-31AXでトリッキーな機動を行ったことが記録に残っている。それは翼端スラスターを使ったスナップロールである（右ページ下図）。スナップロール自体は20世紀の半ばから戦闘機の空中戦の技のひとつとしてよく知られている。スティックを引いて機首を上げつつラダーを切って機首を左右どちらかに振ると、振った側の主翼が失速してエルロンを使ったロールよりも素早くロールすることができる。大気圏内ではこの時空気抵抗で大きく減速するので、相手がオーバーシュートするところをすかさず後ろにつき攻撃するのである。Δ小隊のVF-31AXは、片側の翼端スラスターだけを使いスナップロールをしてみせた。片側の翼端スラスターを上に向かって作動させると、重心位置との関係から、機首を上げつつ作動させた側にロールしてスナップロールとなる。また旋回中に旋回方向と反対側のスラスターを作動させてエルロンの切り返しより早く旋回方向を変え、Sv-303ヴィヴァスヴァットを翻弄していた。スナップロールの操作をしたのはパイロットだが、それをARIEL-Ⅲがスラスター1基でやってのけたのである。この機動はデルタ翼のVF-31AXならではのもので、前進翼を持つVF-31Sではそこまで速いスナップロールはできない。おそらく操作したパイロット自身が、以前と違う速さのスナップロールに一番驚いたのではないだろうか。

VF-31A/AX

VF-31A/AX

VF-31S

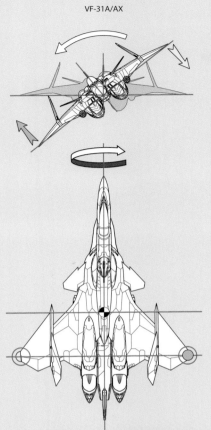

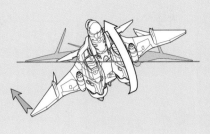

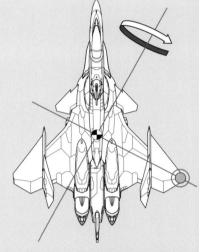

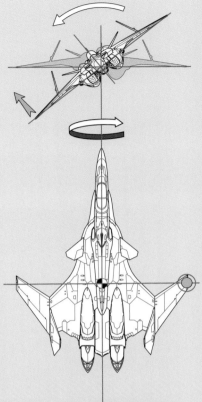

左右の翼端スラスターの位置と重心位置がずれているが、スラスターを左右で逆方向に噴射すれば機体中心軸を中心にロールする。

片方の翼端スラスターを作動させると、スラスターと重心位置を結ぶ線の90°回した軸を中心にロールするためピッチアップとロールが1アクションで可能。

左右の翼端スラスターの位置と重心位置が一致しているため、スラスターを片方だけ噴射しても機体中心軸を中心にロールする。

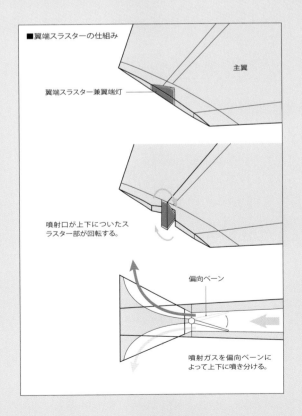

■翼端スラスターの仕組み

主翼

翼端スラスター兼翼端灯

噴射口が上下についたスラスター部が回転する。

偏向ベーン

噴射ガスを偏向ベーンによって上下に噴き分ける。

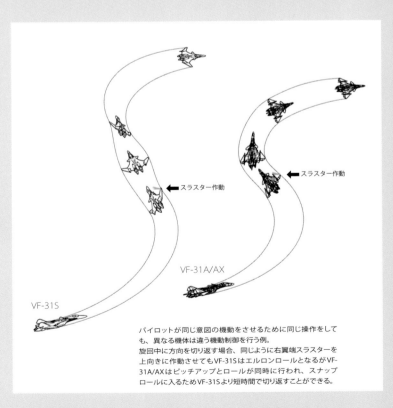

スラスター作動

スラスター作動

VF-31A/AX

VF-31S

パイロットが同じ意図の機動をさせるために同じ操作をしても、異なる機体は違う機動制御を行う例。
旋回中に方向を切り返す場合、同じように右翼端スラスターを上向きに作動させてもVF-31SはエルロンロールとなるがVF-31A/AXはピッチアップとロールが同時に行われ、スナップロールに入るためVF-31Sより短時間で切り返すことができる。

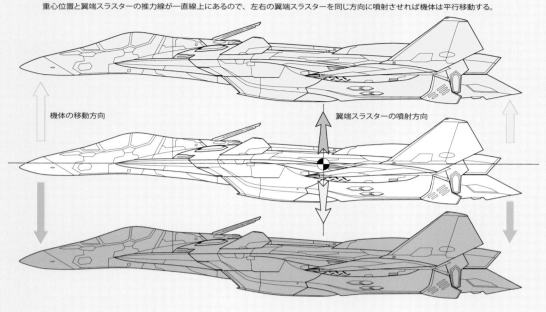

VF-31S
重心位置と翼端スラスターの推力線が一直線上にあるので、左右の翼端スラスターを同じ方向に噴射させれば機体は平行移動する。

機体の移動方向　　翼端スラスターの噴射方向

VF-31A/AX
重心位置と翼端スラスターの推力線がずれているので、左右の翼端スラスターを同じ方向に噴射させれば機首が上下する。

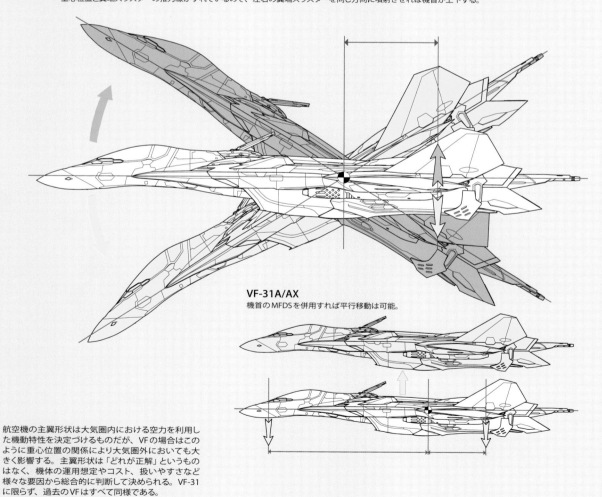

VF-31A/AX
機首のMFDSを併用すれば平行移動は可能。

航空機の主翼形状は大気圏内における空力を利用した機動特性を決定づけるものだが、VFの場合はこのように重心位置の関係により大気圏外においても大きく影響する。主翼形状は「どれが正解」というものはなく、機体の運用想定やコスト、扱いやすさなど様々な要因から総合的に判断して決められる。VF-31に限らず、過去のVFはすべて同様である。

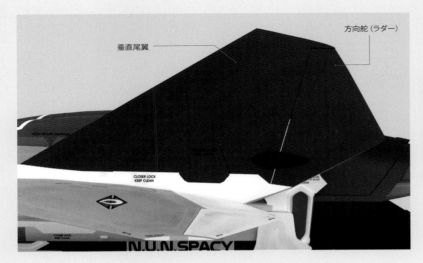

方向舵（ラダー）

垂直尾翼

垂直尾翼（垂直安定板）は、航空機の風見鶏効果により進行方向への姿勢を安定させる役目を負う。また、ラダーを左右に動作させることで機体の水平方向（ヨー方向）の姿勢を制御する。VF-31シリーズは主翼内翼と外翼の接合部に垂直尾翼を設けている。
バトロイドモードではドッグトゥース構造物を軸として主翼外翼と垂直尾翼が内翼を挟み込むように畳まれ、背中側に回って防御板の役目を果たす。また、このドッグトゥースにはM.M.P.のブースターユニットなどのオプション装備が取り付けられ、同様にバトロイド背後へ回るため、非常に合理的に配置できる。

垂直尾翼は定位置から内側へ
70°の角度に倒すことができる。

垂直尾翼

　垂直尾翼（＝垂直安定板）は大気圏内を飛行する航空機にとり、方向安定を担う必要不可欠なものである。垂直尾翼はいわゆる風見鶏効果で機首を前方に向ける働きをしている。垂直尾翼がなければ一瞬でフラットスピン※に入り操縦不能になって墜落する。初代のVF-1でも、水平尾翼は省略できても垂直尾翼はなくせなかった。コンピューターにアシストさせることで、ほかの動翼や左右エンジンの推力差を駆使して安定飛行させることはできる。しかし戦闘機動となると話は別で、垂直尾翼は残さざるを得なかったのである。しかも従来のVFではほとんどの機種が垂直尾翼をエンジンナセル（＝脚部）の後部に設けていたため、バトロイド時にこれを収納するのに苦労していた。VF-31Aでは垂直尾翼を主翼の中間部分に設置し、バトロイド時には主翼に重ねることで収納問題を解決した。またVF-31Sにおいては、後退角を持った内翼と前進角を持った外翼の接合部に取り付けたことで翼上面を流れる気流の合流部に垂直尾翼が置かれることになり、効率が格段に良くなったのだった。なお、ここまでの話は大気圏内でのことである。
　大気圏外では安定飛行のためには必要なく、VFの開発当初、大気圏外では垂直尾翼はデッドウェイト、無用の長物になると考えられていた。しかし姿勢制御のためのスラスターなどを内蔵させること

により、大気圏外でも必要なパーツとなったのである。
　VF-31ではフラップやエルロンと同様、ラダーの付け根のスリットから高圧空気を噴き出すことによりヨー・コントロールを行っている。そのほかVF-31では従来VFより多くの機能を垂直尾翼に持たせてある。基本的にVF-31の垂直尾翼の外殻は二重になっており、この隙間に様々な機器が詰め込まれている。メインレーダーの発振素子、フォールドレーダーアンテナ、VHF、UHFなどの通常の通信に使うアンテナ、IFFアンテナ、EMP/HPMアンテナ、レーダー警戒装置のアンテナ、索敵用レーザー光の感知システムなどである。
　まずメインレーダーは、発振素子の20％が垂直尾翼に内蔵されている。そのため垂直尾翼の外板の一部はキャノピーやレドームと同じ透明金属でできている。レーダー素子は垂直尾翼のほか、主翼やエンジンナセルにも内蔵されており、反射波は専用コンピューターで合成され全周囲の感知を可能としている。
　フォールドレーダーのアンテナは、垂直尾翼上端に送受信一体型の機器が内蔵されており、これも全周囲の探査が可能である。通信用アンテナは垂直尾翼の前縁部分の外板がそのまま多目的アンテナとなっている。いわゆるスマートスキンで、2020年代から広く普及している技術である。また音声通信用のVHF、UHFのほか、ミリ波

※フラットスピン
航空機では様々な条件により翼面の一部が失速（揚力を失うこと）し、偏ったモーメントによって錐もみ（スピン）の状態に陥ることがある。このうち、機体が水平に近い状態のままヨー方向に回転する状態をフラットスピンと分類する。スピン状態で回復のために必要な動翼が失速していると、正常な飛行状態に復帰できず、最悪の場合墜落する。

送受信機を内蔵する。IFFも多目的アンテナを通して送受信を行う。IFFとは敵味方識別装置で、絶えず所属や機種などの信号を送信している。レーダーエコーとこのIFF信号がセットで届くことで、友軍のレーダーディスプレイには味方として所属や機種などが表示される。もし登録してある敵対勢力の信号であれば「ENEMY（＝敵）」の表示が、信号がなくエコーだけであれば「BOGGY（＝未確認）」の表示がされる。ちなみに民間機は同様の働きをするトランスポンダーという装置を搭載しており、その信号を拾えば民間登録機として表示される。
　EMP/HPMはElectro-Magnetic Pulse / High-Power Microwaveの略で、高周波マイクロ波の電磁パルスを照射し、敵のミサイルなどの電子装置を破壊する。最近はEMP対策がとられ無力化できない場合も多いが、旧式のマイクロミサイルなどを使う勢力もあり、まだまだ有効な防御兵器である。これも垂直尾翼上端に取り付けられており、後方に向けて照射される。索敵用レーザー光の感知システムは、敵のレーザーレーダーや照準用レーザー光の探知装置で、受光部が垂直尾翼の前縁や後縁に埋め込まれている。

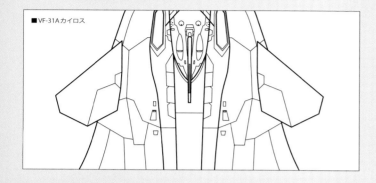

■VF-31A カイロス

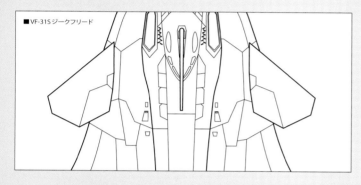

■VF-31S ジークフリード

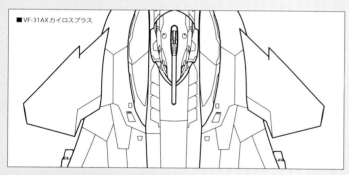

■VF-31AX カイロスプラス

■VF-31シリーズのカナード形状比較

※カナード
Canard。前翼、あるいは先尾翼。主翼よりも前方に取り付けられる可動式の翼。機体の上下方向の機動（ピッチ）を制御、または補助する。一般的な尾翼を持つ航空機よりも高い機動性、及び設計面での利点を期待できるが制御が難しい。

カナード

　グローブ側面のカナードは、大気圏内においては機体の空力中心を前方に置くための先尾翼（カナード）※として機能しており、戦闘機動用としても使われる。VF-1をはじめ従来のVFは、航空力学的には無尾翼機である。かつてジェット・エンジンが実用化されたばかりの頃、まだ出力も信頼性も低く、多少でも空力的効率を上げるために無尾翼形式が採用されることがあった。空気抵抗を生み出す翼が1セット減るため、速度が少しでも上がることを期待してのことだった。しかし現在は熱核反応エンジンがVFに充分すぎるパワーを与えているため、この理由で無尾翼機にする意味はない。VF-1が無尾翼機形式となったのは、バトロイド時に収納スペースを確保することが困難だったからである。そのため、スタビレーターの代わりとしてエンジンにベクタードスラスト・ノズルが採用されたのであった。しかし当時のベクタードスラスト・ノズルではスタビレーターの代わりになるほど繊細なコントロールはできなかった。そこで無尾翼形式にすることにより、エルロンにスタビレーターの役目も担わせたのだ。ただし、無尾翼形式だと主翼に大きな捩り下げやドループを付けなければならず、強度的に不利である。むろんVF-1にも計画段階でカナードを取りつける構想はあった。実際、VF-1の前段階の技術立証機といえるVF-0フェニックス（旧式の化石燃料ジェットエンジン搭載のためVFに分類されていない）にD型というカナードを取り付けたタイプがあった。D型は主翼をクリップド・デルタにしたバリエーション機で、空力中心の位置が後ろすぎるのでカナードを先尾翼として取り付け、空力中心を前方に移動させたのだ。D型はバトロイドモードでもカナードをきれいに収めており、問題はないように見えた。しかしやはりVF-1ではコンパクトにまとめたいという思想が優先され、また大気圏外ではただのデッドウェイトになることから、装着は見送られたのだった。

　VF-31Aでは前述の理由でカナードを取り付けたが、VF-31Sは前進翼であるためすでに空力中心は前方に移動している。したがってカナードは大気圏内での機動性能向上のためと役割が変わっている。

　VF-31Aと比べるとVF-31Sのカナードは面積が小さい。純粋に機動性能向上のためにあり、安定飛行のためではないからだ。迎角の範囲もVF-31Aより大きくさらに、上反角も左右別々に変えることができる。この機能は大気圏内での戦闘機動力を大幅に向上させた。片側の上反角を上げれば左右全体の揚力バランスが崩れ、素早くロールしたり、VF-31Aでは翼端スラスターで行っていたスナップロールがカナードでできてしまうようになった。

■基準状態

■可動状態（下）

■可動状態（上）

カナードには独立した動翼が付いておらず、翼状の構造体そのものが付け根の軸を中心として回転する（これを全遊動式という）。ただし、グローブや自らが基部としている肩部構造に干渉することから、360°自由というわけではなく前後15度程度の範囲に限られる。

　VF-31X/AXではスタビレーターと戦闘機動力向上のためと、両方の役目を持つように設計されている。VF-31AとVF-31Sの実戦における運用データを参考に、面積を大きく、形状も変えられた。ドッグトゥースが設けられたのは、どのような角度になっても気流の剥離（はくり）を防ぎ、カナードの有効性を維持するためだ。この形状のおかげでYF-29デュランダルのそれと同等以上の機能を持つとされている。

　大気圏外でのカナードは、機体の制御のためには機能しな

いが、基本的には放熱板として有用である。VF-31S以降、VF-31X/AXではフォールドクォーツを増量したために排熱の問題が顕著となった。カナード増積はその解決方法のひとつでもある。バトロイドにおいては、変形後に肩ブロック前方へ位置するため、肩を守るプロテクターの役目を負う。これはVF-31の各型で変わらない。そのため、ピンポイントバリアの出力レセプタクルが内蔵されているほか、エネルギー転換装甲のレベルも上げてある。また通信用アンテナの機能も持つ。

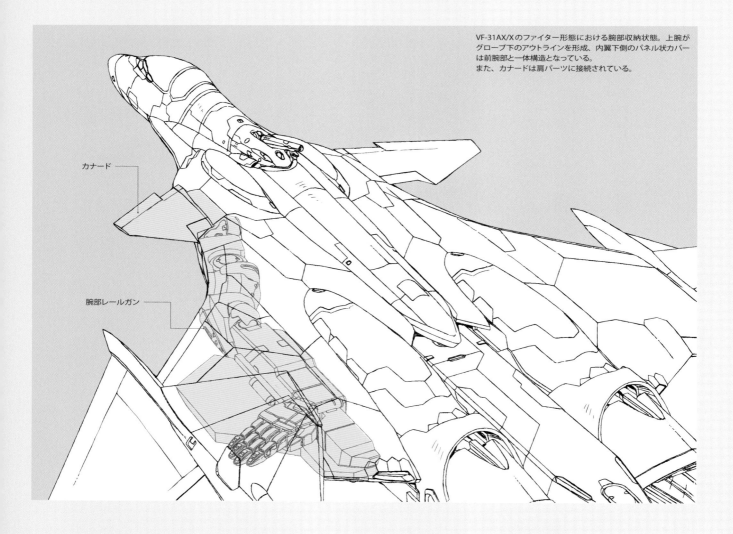

VF-31AX/Xのファイター形態における腕部収納状態。上腕が
グローブ下のアウトラインを形成、内翼下側のパネル状カバー
は前腕部と一体構造となっている。
また、カナードは肩パーツに接続されている。

カナード

腕部レールガン

腕部

　YF-30クロノスは、左右のエンジンの間以外にバトロイド腕部
を収納したVFであり、これはVF-22シュトゥルムフォーゲルⅡ以来
となる。そしてYF-30をベースとして開発されたVF-31も同様のメ
カニズムを継承した。

　VFの設計において、バトロイド腕部はある意味鬼門であった。
ファイターモードでは完全なデッドウェイトになり、かつ容積も必
要だったために収納方法に苦慮した。VF-1開発時、両エンジン
ナセル間に収納するアイデアを思いついてから、一気に開発が進
んだ話は有名である。以降、多くのVFがエンジン間に腕部を収
納するようになったが、ファイターからガウォークへの変形の際に
肩ブロックの移動量が大きく、メカニズムも複雑になり、そのた
め強度を充分に取れないことが問題となっていた。

　VF-31で腕を主翼下面に収納したのは、マルチパーパスコンテ
ナユニットの装備と変形システムの最適化のためである。既刊で
記述したが、VF-31では大気圏内におけるバトロイドへの変形可
能速度の引き上げが求められた。そのため移動量が少なくなるエ
ンジンと主翼の付け根に腕部を置くことで、腕部の展開時間の短
縮及び空気抵抗の減少を狙ったのだ。しかし速度が増せば、空

気抵抗は指数関数的に急増する。そのためVF-31では従来になく
高い強度を持つ腕部が開発された。フレームはエネルギー転換
装甲をサンドイッチした強化仕様で、肩関節部の駆動力も強力な
超電導リニアモーターの採用で大幅にパワーアップされた。これ
によりVF-31は従来VFに比べ大幅に変形可能速度を上げることが
できた。

　VF-31X/AXでは、機体フレームの強度はギリギリまで落とされ
たが、腕部の強度はそのままとされた。ISCは機動飛行でかかる
Gを軽減するが、空気抵抗まで抑えることはできないからである。
腕部の基本構造や仕様はVF-31A/Sとほとんど変わらず、搭載レー
ルマシンガンの変更に伴い、マウントなど一部の仕様がアップ
デートされたのみである。

　腕部は完全に主翼下面に収められており、下面の一部のパネ
ルがカバーとなっているが、このカバーは腕部に完全に固定され
ている。変形時、このカバーにかかる風圧を利用して素早く展開
させる。空気抵抗は変形時には害でもあるが、変形の補助として
利用もしているのである。このカバーもエネルギー転換装甲製で
あり、バトロイド時のシールドとして使うことができる。

腕部の動作はEX-ギアが登場してから大幅に変わった。パイロットの動作を精密にトレスできるようになり、機体の統合制御システムがパイロットの意を汲んで動作命令を算出するよりも、パイロットの意図が伝わりやすくなった。しかしパイロットの身体能力の差をも精密にトレスしてしまうため、通常は再現率を抑えてあり、特別に身体能力が良いと認められたパイロットのみリミッター解除の許可が与えられる。腕は機体全体のバランス調整のために使われることが多いことから特に精密にトレスする必要があり、駆動用の超電導リニアモーターもパワーが強いうえに解像度の高い、精密に駆動するモーターが取り付けられている。

EX-ギアシステムが採用されて機体への伝達システムが変わったが、機体からパイロットへのフィードバックもより精密に行われるようになった。1900年代初頭に開発された大気圏内を飛ぶ航空機は、それから70年ほどは動翼とスティックが物理的に繋がれており、動翼からの動きも逆にスティックに伝えられ、スティックからパイロットへとまた伝えられていたのである。パイロットはこの動翼からスティックを介して伝わるフィードバックにより実際の対気速度や気流の乱れなどを感じ取り、より高度な操縦を行っていたのである。スティックの動きを動翼に電気信号または電磁波

で伝達するようになってからも、このフィードバックの感覚が必要とされ、これを擬似的に作り出してパイロットに伝えるようにしていた。EX-ギアの開発時にもやはりパイロット側からフィードバックの再現が要求され、機体の動翼のみならずバトロイドの腕や足の動き、空気抵抗や物にぶつかった衝撃、ガンポッドの重量、射撃の反動などもEX-ギアに組み込まれたサーボモーターの動きを通じてパイロットへ伝えるようにした。またVF-25では、ISCによりパイロットが感じられなくなったGを、実際にかかった力より大幅に減衰させたものを擬似的に再現してパイロットに伝えるようにしたが、VF-31では新型ISCによってコクピット周辺のGをすべて蓄積せず任意に数10%までは残せるようになった。そのため体全体にかかるGや腕や足の重量が適切なレベルで感じられるようになり、より精密にバトロイドを制御できるようになった。初めてEX-ギアを採用したVF-25は"ダンスが踊れる"ようになったといわれたが、新型ISCやより高度なフィードバックシステムを搭載するようになったVF-31では、より激しく美しいダンスが踊れるといわれるまでになったのである。

手首

各種の武装を保持する手首はバトロイド腕部と強固に繋がっている必要があり、それでいて自由度が高くミリ単位の動作制御をしなければならず、VFの設計では困難なパーツのひとつである。VF-31では従来VFのようにファイターモードで手首を前腕部内に収めず、前腕フレームに直接取り付けるようになったことから、構造及び強度的に有利となった。そのためコンバットナイフなどを使った近接格闘戦が本格的に行えるようになっている。もちろんナイフを使った近接格闘は、生身の人間でさえよほど訓練を積んだ者でないと実戦で実際に行うことはできない。EX-ギアシステムでパイロットの動きを精密に再現できたとしても、パイロット自身にナイフを扱える能力がなければ意味はなく、機体統合制御システムにもナイフアタックのサポートプログラムは組まれていないからだ。それでもパイロット自身が充分に訓練を受けていれば、非常に有効な武器となる。実際、VF-25装備の戦闘飛行隊ではコンバットナイフにおける敵撃破例は少ないが、テロ鎮圧、人質救出などの任務を担う特殊部隊ではメインウェポンのひとつとされているという。こうした特殊部隊ではパイロットにも各種の近接格闘術の習得が求められる。

EX-ギア対応になってパイロットの指の動きが正確にトレスされ、ガウォーク／バトロイドの指に伝えられるようになった。これまではスティック前面に取り付けてある独立したボタンや親指を置くトラックボールなどで操作していたが、精密な作業には向かなかった。作業モードに入れば機体統合制御システムが操作をサポートしてくれるが、いくつかの決まった動きしかできなかったのである。しかしVF-25でEX-ギア・システムが採用されると、そのアームカバー内にパイロットの手首までが完全に覆われるようになったことから、指の動きが精密にバトロイドの指に伝えられるようになった。パイロットは専用のグラブを着けてEX-ギアを装着し、作業モードに入るとアームカバー内部でレーザーが指の動きを読み取る。レーザーは0.1mm単位で手首の形状を読み取り、3Dグラフィックデータに変換して正面ディスプレイやヘルメットのモニターに投影するため、パイロットは必要に応じて直接自分の手首の形状と指の動きを確認できる。メインカメラで撮影したバトロイドの手首を重ねて投影することも可能である。またグラブの内側には極薄の人工筋肉が貼られており、バトロイドの指からのフィードバックをパイロットに伝えるようになっている。

サブインテーク
サブインテーク内には衝立状の可変ベーンが設けられている。このベーンは奥に行くほど幅が増す構造物であり、対気速度によって前後に可動してエアの吸入量を自動で調節する。

PIVOT COVER

CLOSER LOCK
KEEP CLEAN

CAUTION
FOLDING BLOCK

CAUTION
FOLDING BLOCK

CAUTION
SUB AIR RIDE

CONFI LOCK
KEEP CLEAN

股関節アーム　　メインインテーク　　一次コンプレッサーファン　　可変ベーン（シャッター）　　ミニガンポッド
ラミントン LM-30A レールマシンガン

脚部インテーク

エンジンナセルの先端にあるエアインテークは、VF-25以降2段となり、下がメイン、上がマッハ6以上でエンジンがラム／スクラムジェットモードとなる際のサブインテークである。

大気圏内ではプロペラントとなる空気を吸い込みエンジンに導く。まずメインインテークの直後に電動の一次コンプレッサー※があり、ファイターモードでは地上でのエンジン始動やタキシングの際、エンジンに必要な空気を送り込むほか、前進速度が充分取れないバトロイドモードでも強制的にエンジンに空気を送り込むことができる。これはVF-1から始まる歴代VFと変わらない。

VF-31に取り付けられているコンプレッサーは13枚ブレードの1段ファンで、周囲の環状リニアモーターで駆動するので前後幅が狭く、中心部に抵抗となる物がない非常にコンパクトなユニットになっている。一次コンプレッサーはマッハ3以上でファンが停止し、ブレードはフェザー状態になり抵抗が極小になる。マッハ6以上でメインのインテークは前面のカバーを閉じ、上段のサブインテークから空気を取り入れる。マッハ6以上の高速飛行ではその速度ゆえに充分な空気が勝手に入ってくるため開口面積は小さくて済む。もともとVF-1以降、エンジンがラム／スクラムジェットモードになる際にはヒザカバーを開いて空気を取り入れていた。

メインインテークからでは一次コンプレッサーのファンにより複雑な衝撃波が発生してしまい、吸気効率が極端に落ちるためだ。しかしヒザ関節部はもともと複雑な変形機構などが入り組んでおり、そこに第2のインテークを割り込ませるのには構造上無理もあった。そのためVF-24エボリューションでは発想の転換で上部にサブインテークを設けることにしたのである。この仕様を継承したVF-25メサイアの運用実績によりこのサブインテークが有用と認められ、VF-31にも装備されることになったのだ。

大気圏外戦闘時、メインインテークは内部にプロペラントタンクを搭載するが、そのまま大気圏内に再突入して戦闘を継続する場合や、不意の再突入で地上基地まで飛行しなければならない場合などのために、このタンクは投棄可能となっている。しかし速度制限があり、マッハ6以上での投棄は禁止されている。この速度域では投棄直後に機体のマッハコーンから出てしまい、その瞬間にバラバラに破壊されて機体に損傷を与える可能性があるためだ。そのためサブインテークは速度がマッハ6以下に落ちるまでの間のインテークとしても使われる。メインインテーク内に追加するプロペラントタンクは一次コンプレッサーから後方、ヒザカバーまでの間に搭載される。投棄時は下面のパネルが前を支点

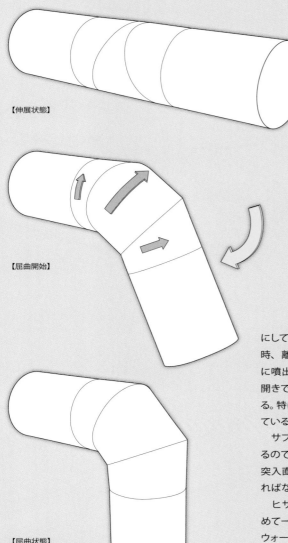

【伸展状態】

膝部関節内ダクトの構造概念図。直径や各節の長さなどは実際の設計とは異なる。また各節はその構造に高速超伝導環状リニアモーター、シーリングなどを含み、また蛇腹状外層で覆われているため、外観もこの図ほど単純ではない。また、両端は大腿及び下腿のフレームに連結されている。p.67の脚部関節機構の解説図も参照。

【屈曲開始】

【屈曲状態】
円筒構造の切れ目の入れ方によって、90度以上の角度に曲げることも可能。

※一次コンプレッサー
VF用エンジンは普通インテーク直後にバトロイド時用の強制吸入ファンがあり、ファイター時でもこれをコンプレッサーとして使用するため、これを一次コンプレッサーと呼んでいる。

※インテグラルタンク
別構造のタンクを積載するのではなく、機体構造そのものの空隙を利用し密閉することによって内部空間をタンクとして利用する方式のもの。

にして後方に開く。大気圏内での運用でインテーク中にタンクが搭載されていない時、離陸時にこの投棄用ドアを半開にし、一次コンプレッサーからのエアを下面に噴出させることにより離陸滑走距離を短くできる。VF-25ではこの投棄ドアが横開きであったためにこの方法は使えず、VF-31になって運用可能になった方法である。特にデルタ翼のVF-31A/AXではカナードとの相乗効果でかなりの短縮に繋がっているという。

サブインテーク内も当然プロペラントタンクとして使用するが、タンクを取り付けるのではなく前後をカバーで塞ぎインテグラルタンク※として使用する。大気圏再突入直後に飛行を再開するためには、内部のプロペラントは使い切っておかなければならない。

ヒザ関節内部のダクトを曲げるメカニズムはVF-31X/AXにおいて、VF史上初めて一新された。従来この部分は四角断面の輪切りパーツを重ねながら繋げ、ガウォークモードでは下面を中心に扇状に展開していた。メカニズムとしてはシンプルだがパーツ数の多さから故障も多く、何より曲げた時の騒音がひどかった。メカニズム上この部分の断面は四角断面にせざるを得ないのだが、一次コンプレッサーとエンジン前面は円形断面にしなければならず、円形断面から四角断面を経て再び円形断面に戻ることになり、断面形状が大きく変化する。この形状の変化で内部を流れる空気圧の損失が大きくなり、騒音が生じるのである。VF-31X/AXではこの部分に角度をつけて切断したパイプを繋げ、各々を回転させることで曲げるメカニズムを採用した（図参照）。この方法では断面を円形のままで維持できるため、圧力損失も少なく騒音も少なくなった。もともとこのメカニズムは1990年代のVTOL戦闘機開発時に考案されたもので、技術立証機に取り付けられてテストが行われていた。その後、改良が加えられ当時の新型VTOL戦闘機に正式採用されることになったが、試作機が作られてテストが行われていたところで第一次星間大戦が起こり、すべてが失われた。当時すでにVF-1の関節案のひとつに上がってはいたが、当時の材料ではバトロイドのヒザ関節内部に組み込むには強度が足りず、また曲げるのにも時間がかかるため早々に候補から外された。しかし圧力損失が少ない点や騒音の軽減等で将来的に問題が解決されればヒザ関節機構の主流になると期待され、その後も研究が続けられていたのである。しかし従来のモーターではなかなか変形の速度が上げられなかった。近年になって接合部の全周に小型で強力な高速超電導環状リニアモーターを取り付け、ようやく実用に足る高速変形が実現できたのである。

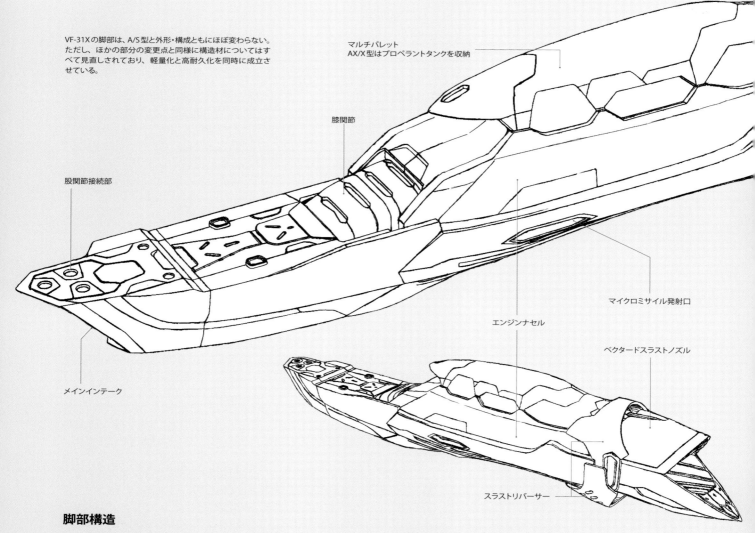

VF-31Xの脚部は、A/S型と外形・構成ともにほぼ変わらない。ただし、ほかの部分の変更点と同様に構造材についてはすべて見直しされており、軽量化と高耐久化を同時に成立させている。

マルチパレット
AX/X型はプロペラントタンクを収納

膝関節

股関節接続部

メインインテーク

マイクロミサイル発射口

エンジンナセル

ベクタードスラストノズル

スラストリバーサー

脚部構造

VF-31X/AXの脚部（エンジンナセル）の構造はほかの部分のVF-31A/Sとの相違点と変わらない。フレーム・スキンの一体構造をやめ、フレームに外板（スキン）のリベット止めが基本的な構造である。この古くて新しい構造は、強度的にやや落ちるものの修理がしやすく耐久性も高い。フェイルセーフの観点からも安全性が高くなっている。

VF-31X/AXではエンジンが新星インダストリー/P&W/R&R製FF-3001/FC3ステージⅢ熱核反応エンジンに換装されているが、VF-31Sに搭載されていたエンジンとは寸法、形状的にはほとんど相違なくナセルのマウント位置、形状もまったく同じである。FF-3001系エンジンは大出力ながら小型のエンジンで、エンジンナセル内は容積的に余裕があり、各種の装備の搭載に自由が利く。基本的にナセルの外側側面はマイクロミサイルパレットが内蔵されており、そのほかの下面や内側側面はプロペラント・タンクかMDP/S-02マルチプル・ディスペンサーが搭載される。

MDP/S-02はIR誘導ミサイルを惑わすために発射するフレアや光学ビームを攪乱する対光学兵器用スモーク、そして昔ながらの索敵電波攪乱用チャフを発射できる。搭載するフレアやスモーク

の数量や比率は自由に変えられる。

上面は多目的スペースとなっており、VF-31ではエアフローコントローラーかSLACS※が選べたが、VF-31X/AXでは大気圏内の機動性能をカナードなどほかの空力デバイスとフォールドクォーツで充分確保できているとされ、SLACSかプロペラントタンクを大気圏内外での作戦内容によって適宜交換できるようになっている。

SLACSはVF-19から搭載が始まったVF搭載用プロペラント供給システムで、大気圏内を飛行中に取り込んだ空気をシャーベット状の半冷凍状態にして貯蔵していく装置である。離陸時の重量を軽くし、大気圏外まで一気に上昇し、その間にプロペラントを貯めそのまま戦闘に入れるように開発された。大気圏外まで出ずとも空気の薄い高空でエンジンに充分なプロペラントを供給するためにも使われる。大気圏外だけでの戦闘が想定される場合は大容量のプロペラントタンクと交換される。またケイオスのVF-31Sではここにマルチドローンプレートが収納されていたが、VF-31AXではワルキューレへの支援は行わないことになったことから搭載されず、代わりにやはりプロペラントタンクが収納されている。

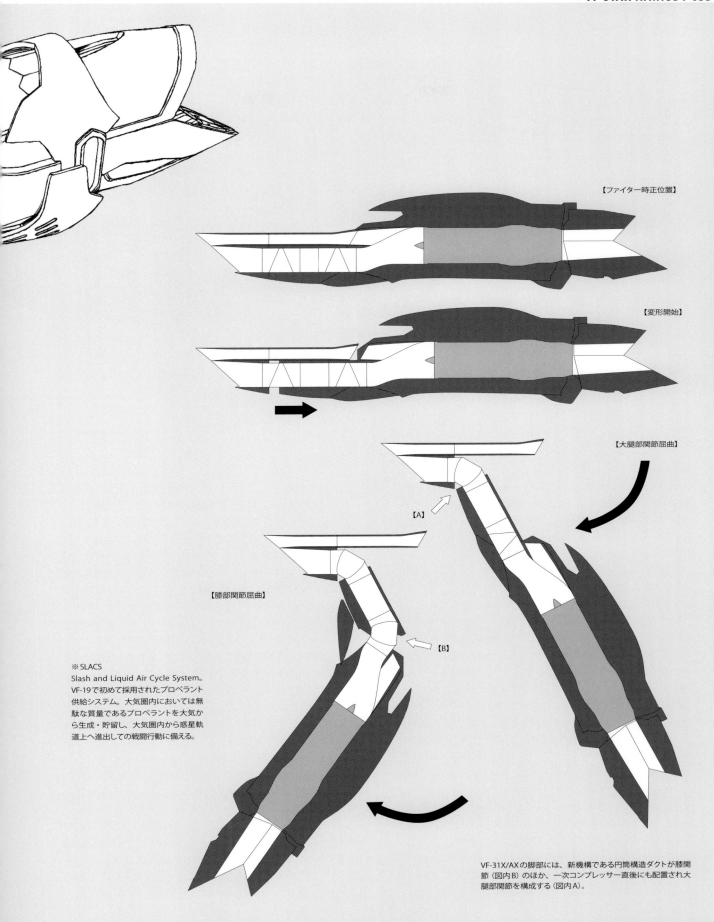

【ファイター時正位置】

【変形開始】

【大腿部関節屈曲】

【A】

【膝部関節屈曲】

【B】

※ SLACS
Slash and Liquid Air Cycle System。VF-19で初めて採用されたプロペラント供給システム。大気圏内においては無駄な質量であるプロペラントを大気から生成・貯留し、大気圏内から惑星軌道上へ進出しての戦闘行動に備える。

VF-31X/AXの脚部には、新機構である円筒構造ダクトが膝関節（図内B）のほか、一次コンプレッサー直後にも配置され大腿部関節を構成する（図内A）。

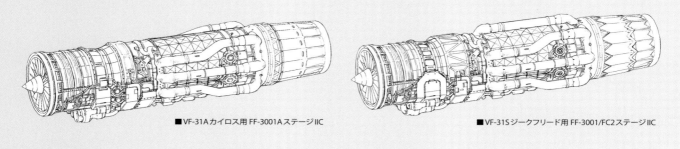

■VF-31Aカイロス用 FF-3001Aステージ IIC　　　　■VF-31Sジークフリード用 FF-3001/FC2ステージ IIC

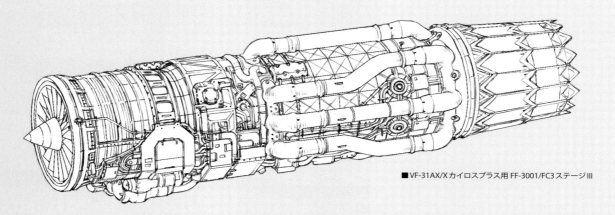

■VF-31AX/Xカイロスプラス用 FF-3001/FC3ステージ III

エンジン

　VF-31X/AXは、新星インダストリー/P&W/R&R製のFF-3001/FC3ステージ III 熱核反応エンジンに換装している。VF-31SのFF-3001/FC2ステージ II 熱核反応エンジンと基本的には同じ構造だが、フォールドクォーツの搭載量に合わせて調整が加えられたタイプである。

　FF-3001系エンジンはVF-24とともに開発されたFF-3000エンジンの流れを汲む、高純度フォールドカーボン／フォールドクォーツ対応となる初めてのエンジンである。熱核反応エンジンはそれまでもGIC※を作動させるためにフォールドカーボンは必需だったが、VF-24の開発にあたり将来を見据えて高純度のフォールドカーボンを内蔵し、フォールドウェーブシステムで性能を底上げするエンジンの開発に着手した。当初は肝心の高純度フォールドカーボンが一定量入手できず開発が危ぶまれたが、2050年になってようやくL.A.I.社がFC.5のフォールドカーボンの生成に成功し、どうにか開発に成功した。このエンジンはFF-3000とナンバリングされたが、試作エンジンとして少数が生産されたのみであった。

　2053年、VF-25の開発開始とともに量産型FF-3000といえるFF-3001Aの開発が始まる。このエンジンはVF-25用エンジンとして生産されたが、高純度フォールドカーボンやフォールドクォーツを利用するための実験・試作用としても重宝した。そしてバジュラとの戦いを経てVF-25では力不足と感じたマクロス・フロンティア政府が造ったYF-29デュランダルには、FF-3001Aをベースに高純度フォールドクォーツを搭載して大幅に性能を上げたFF-3001/FC1エンジンが搭載された。FF-3001/FC1は数基しか造られなかった試作エンジンだが、VF-31Sはこのエンジンの量産型といえるFF-3001/FC2ステージ II 熱核反応エンジンを搭載した。

　フォールドクォーツを利用するエンジンにおける最大の問題は、出力が高すぎて制御が難しいことであった。結局FF-3000エンジンから改良を重ねるうち、FF-3001/FC2ステージ II 熱核反応エンジンは非常に複雑な構造を持つようになってしまった。取り入れた空気などのプロペラントは3系統に分岐し、さらに途中で一部が合流するなど入り組んだ経路を通り排出される。また4段のコンプレッサーファンに2段のタービンはそれぞれ別々に回転数を制御しなければならなかった。内部は4億度ともいわれる高温となり、冷却にも苦労の連続であった。しかしそれでも圧倒的な高出力はVF-31Sに最高の性能を与えたのである。VF-31X/AXはその改良型であるFF-3001/FC3ステージ III 熱核反応エンジンを搭載しているが、このエンジンはフォールドカーボンの量に合わせて調整をし直したエンジンといえる。またケイオスのVF-31AXは最初のウィンダミアでの戦闘後にこのエンジンに換装したが、さらにワルキューレの支援システムを外し、フォールドウェーブシステムを戦闘のためにすべて割り振るように調整している。

　VF-31Xのさらなる発展型は、YF-29のように垂直尾翼の下に第3、第4のエンジンを搭載しているといわれている。しかし未だその形態の姿は公表されておらず、想像図と計画図があるのみである（p102-103参照）。ケイオスのVF-31AXでも追加の2発は搭載されなかったが、しかし外翼を下方に折り畳み、ゴーストを取り付けて戦闘に参加していることから、おそらく4発形態でのデータを取っていたのではないかと推測されている。

■スパイン

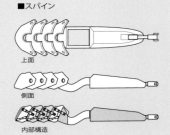

上面

側面

内部構造

足首を支えるスパインの構造は基本的に変わらないが、スパインと足首をつなぐロッドをS字型に湾曲させ、さらにわずかに剛性を落としている。こうすることによってロッドに「しなり」が生まれ、この「しなり」を利用してエンジン推力を利用しないジャンプなどが行えるようになり、着地時にも大きな衝撃が生じなくなった。そのため、バトロイド時の乗り心地が数段良くなったといわれている。

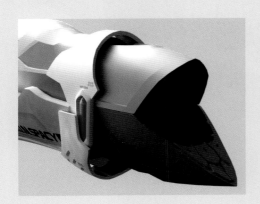

■足首構造とスラストリバーサー

スパイン　ノズル

熱核反応エンジン

巡行時

スラストリバーサー

スラストリバーサー作動時

エンジンノズル

VFのエンジンナセル（＝脚部）は、伝統的にエンジンメーカーが生産して納入する。VF-31AXもエンジンナセルを丸ごと交換しているが、ノズルはVF-31A/Sと同じものが取り付けられていたといわれている。ただし、エンジンがより強力なものに換装されているため、冷却機能などが強化されていた可能性はある。

VFのノズルはVF-1以降、オオタ工業1社のみで開発・生産が行われている（むろん工場は多数存在する）。VF-1、VF-4ライトニングⅢ※の板で構成されたようなシンプルな形態から、VF-11以降のバトロイドにおける歩行性能と冷却性能を重視し

た大型のノズル（オオタ工業内では「シューズ・タイプ」と呼ばれているらしい）まで、未知のメカニズムの試行錯誤の歴史が感じられる。

VF-31のノズルは基本的にVF-25のノズルと同等だが、前後が若干長くなっており、空気抵抗を減らしている。推力偏向と推力調整のメカニズムは従来と変わらないが、上下左右への推力偏向角度はVF-25より若干広がり、上下それぞれ38°、左右は18°となっている。ノズルの内側には板が取り付けられ、ジェットガスの速度を調節する。

※GIC
Gravity Inertia Control System（重力慣性制御システム）。熱核タービンエンジンの中核を成すユニットで、フォールドカーボンを触媒として生成された重量子を使用し、局所的な重力場を発生させる。この重力場によって反応剤を封じ込めて圧縮すると同時に、反応によって発生するプラズマ流の制御も行っている。

※VF-4ライトニングⅢ
第一次星間大戦によって壊滅的被害を受けた地球人類が、復興期に開発したVF。VFの祖のひとつであるSV-51を開発したアレクセイ・クラーキンの設計による。人類播種計画によって銀河へ進出する人類が、宇宙機としての能力に特化させて開発した。

ノズル自体はすべて耐熱合金で作られ、内部には複雑な冷却システムが内蔵されている。外殻は2重になっており、完璧な断熱性能によりエンジンが稼働中でもノズル表面に触れることができるという。ただしエンジンが停止してしまうと冷却システムも停止するため、直後からエンジンの熱が伝わり、ノズルも高温になるので着陸後のハンドリングには注意が必要である。

エンジンノズルは推力調整と推力偏向のほかにバトロイドの足首という接地のための機能も持っている。VF-31でも「スパイン」と呼ばれるショックアブソーバー兼可動装置が取り付けられており、なめらかで柔軟な動作と乗り心地の良さを提供している。ダンスが踊れるというVF-25とVF-31も、このスパインの働きが大きい。

ノズルの根元を覆うように半円のカバーが上下に取り付けられているが、これはエンジンのジェットガスを磁力の力で偏向させて逆噴射を行うスラストリバーサーリングである。エンジンのジェットガスは高温でプラズマ化されているが、これは磁性体であるので、磁力による偏向が可能なのである。このリングで発生できる推力は大きく、VF-1などのようにファイターからガウォークになって脚部を前方に振らなくとも（メインノズルを前方に向けなくとも）、急激な減速が可能になっている。エンジンノズルは基本的にフォールドウェーブシステムによる性能向上を受けようがない部位で、むしろエンジンのジェットガスの温度が上がるため自ら冷却能力を上げる必要があったのだが、このスラストリバーサーリングだけはフォールドウェーブシステムの能力向上のおかげで推力が増え、減速能力が高くなったという。

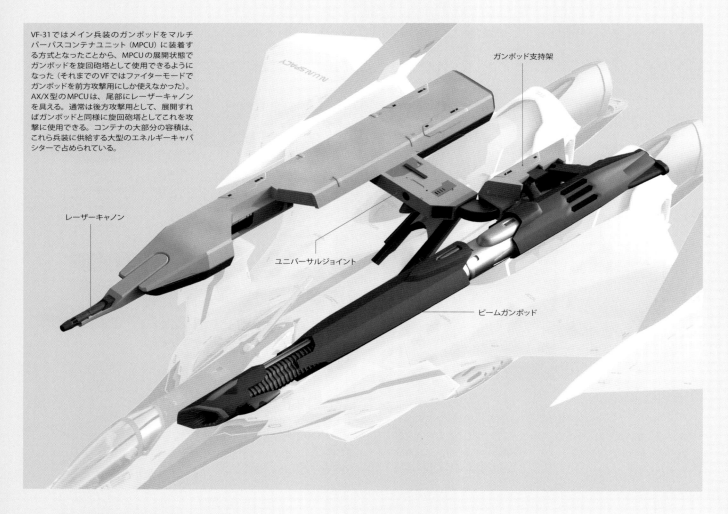

VF-31ではメイン兵装のガンポッドをマルチパーパスコンテナユニット（MPCU）に装着する方式となったことから、MPCUの展開状態でガンポッドを旋回砲塔として使用できるようになった（それまでのVFではファイターモードでガンポッドを前方攻撃用にしか使えなかった）。AX/X型のMPCUは、尾部にレーザーキャノンを具える。通常は後方攻撃用として、展開すればガンポッドと同様に旋回砲塔としてこれを攻撃に使用できる。コンテナの大部分の容積は、これら兵装に供給する大型のエネルギーキャパシターで占められている。

ガンポッド支持架

レーザーキャノン

ユニバーサルジョイント

ビームガンポッド

マルチパーパスコンテナユニット

　YF-30、VF-31の左右のエンジン間には、マルチパーパスコンテナユニットが取り付けられるようになっている。このユニットはVFに複数の任務遂行能力、いわゆるスイングロール能力を与える。スイングロールとは、いったん帰投して装備等の換装や補充をせずとも、出撃したまま複数の任務が遂行できる能力をいう。もともとVFにはその能力があり、例えば「敵空戦ポッドと空中戦の後、バトロイドに変形してゼントラーディの巨人兵と格闘戦を行う」「敵バトルスーツなどと戦い防御線を突破後、反応弾で対艦攻撃を行う」などが可能である。従来ならほかの部隊にバトンタッチする任務までを単独で行える。

　VF-31のマルチパーパスコンテナユニットは、その能力をさらに高めるために装備されたユニットである。ケイオス・Δ小隊のVF-31Sの場合は、コンテナ内に攻撃兵器であるレーザーキャノンに加え、プロジェクションユニットなどのワルキューレ支援システムが収められていた。#3のVF-31Eは例外で、試験的にイージスパックと呼ばれる偵察／指揮管制用の複合センサーユニットを装備していた。このイージスパックのメイン装備は、展開すると円形の大型複合センサーになるユニットである。これはECM※などの電子戦装備でもあり、対空戦闘時は折り畳まれてコンテナ状になる。

　VF-31AXを使用することになった際、Δ小隊の全機はワルキューレの支援装備をすべて取り外してレーザーキャノンとガンポッドによる連装旋回砲塔ユニットを搭載した（上図参照）。機体のドーサル後端にはアーム展開式のユニバーサルジョイントを設けてあり、コンテナユニットはそこに接続されている。コンテナユニットはどのモードでも展開可能だが、大気圏内のファイターモードでは速度制限がある。ただし通常はファイターからバトロイドへの変形可能な速度域であればコンテナの展開も問題なく行える。

※ECM
ECM = Electric Counter Measure。　電子妨害装置。敵の索敵・通信手段等として使用される電波を妨害・欺瞞するための電波発振装置。

※ドーサルスパイン
航空機の背面に張り出した構造部。かつては垂直尾翼の失速を遅らせる渦流を生み出すための空力的構造物だったが、VF-19などでは機上機材を格納するスペースとして使用され、一部にはオプション用の機材を搭載できる。

※ECCM = Electric Counter-Counter Measure。対電子妨害装置。ECMの効果を無効または低下させるための電波発振装置。

※ELINT
ELINT = ELectric INTelligence。電子情報収集。敵の索敵・偵察のため、電波などを用いて得たデータを解析すること。

VF-31AX/X用マルチパーパスコンテナユニット 五面図

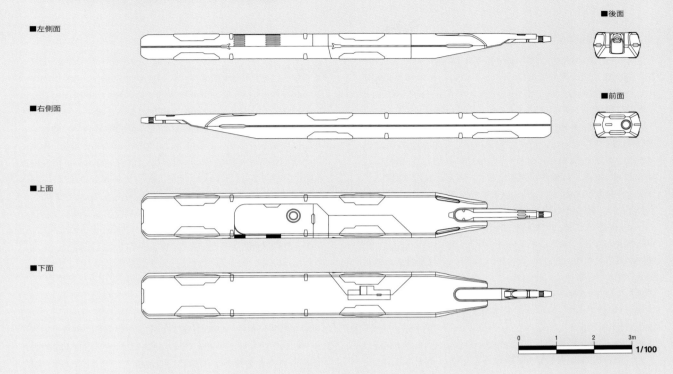

■左側面　■右側面　■上面　■下面　■後面　■前面

0　1　2　3m　1/100

　VF-31Xも、現在運用中のコンテナはどれも装備が可能である。そして今もVF-31シリーズ用に様々なコンテナユニットが開発中である。このマルチパーパスコンテナユニットは用途別の派生型（機種のサブタイプ）を一掃してしまった。例えばVF-19やVF-25には要人輸送用の改造型や偵察機仕様、早期警戒仕様などの専用の派生型が開発されていたが、VF-31では専用のコンテナユニットを開発すれば済み、どのVF-31シリーズに取り付けてもその任務がこなせるようになった。これらが可能になったのは優秀な機体の統合制御システム「ARIEL-III」を搭載しているおかげでもある。ARIEL-IIIは搭載されたコンテナの中身を認識して適宜、適切な操作を行うことができる（オペレーションやコントロールに必要な情報はコンテナ側に用意されており、接続した際にそれをダウンロードする）。

　マルチパーパスコンテナユニットと呼称しているだけあって、コンテナには様々なバリエーションがあり、かつ複数の用途を持つコンテナも多い。軍用の場合は武装運搬／プラットフォームとしての機能を持つものが多く、例えばマイクロミサイルランチャーとプロペラントタンクを混載したスーパーパック同等のコンテナや中・大型ミサイルコンテナ、下面からレーザーキャノンを出し旋回しながら地上目標を攻撃するガンシップ・コンテナ、ECM/ECCM※/ELINT※機能を持つ電子戦用コンテナ、空挺用兵員輸送コンテナ、特殊部隊突入用コンテナなどがある。またすでに民間用のコンテナも作られており、人員輸送用はもちろん消火剤とその散布器を内蔵した消火用、救急搬送用などもある。民間用といえばケイオス・ラグナ支部のワルキューレ支援装備もそのカテゴリーに入るだろう。ケイオスのワルキューレ支援装備は、ワルキューレメンバーの衣装などを輸送する用途のコンテナをはじめ、マルチドローンの充電装置や予備ドローンのコンテナ、またプロジェクションシステムユニットなどがあり、適宜VF-31Sが装備していた。中でもプロジェクションシステムはワルキューレ用特殊装備の最たるもので、展開して起動するとフォールドウェーブを送信して空気のない大気圏外でもワルキューレの歌声を伝え、ヴァール・シンドロームの発症者を鎮静させることができる。さらに通信システムに割り込むこともできるため、一種のECM装置としても使うことが可能だった。このユニットは難解なフォールドウェーブ理論をもとに作られており技術・能力ともに不明な点が多く、詳細は一切公表されていない。

※ヴァールシンドローム
バジュラが銀河宇宙から去ったことで新たな寄生先に人間を選んだフォールド細菌は、フォールド空間を通じて感覚拡張を促し人を進化させる可能性さえ持つ。しかし、現在の人類はその情報量の増加に耐え切れず、強烈な感情が伝播することで周囲の人間を巻き込み凶暴化してしまう。これがヴァール症候群である。

エネルギー転換装甲

エネルギー転換装甲はOTMの1つであり非常に有用ではあるが、当時は未知の素材であり、初代VFのVF-1では機体の一部にしか適用できなかった。しかし50年に亘る継続的な解析により実用度が増し、VF-31ではふんだんに使われるようになった。

エネルギー転換装甲は、南アタリア島に墜落したマクロス内部の調査で見つかった、特定の電磁パルスを送ると反応して分子間結合を数倍に高める性質の合金を挟み込んだ多層傾斜機能複合材である。軽量だが強度はチタン合金の数倍になるという夢の外装素材である。ただし強度を高めるには膨大な電力が必要となり、発電量の関係から初期のVFでは電力に余裕のあるバトロイドモードでしか使用できなかった。しかし解析が進み、消費電力が少ないエネルギー転換装甲が開発され、VF-25から使われることになった。VF-25ではエンジンの発電量も大幅に増大したことから、コクピットやエンジン周りなど重要箇所のみではあるがファイターモードでも使用が可能となった。

VF-31ではさらにエネルギー転換装甲の改良が進み、エンジンの電量供給量やエネルギーキャパシターの能力も上がったため、構造材や変形メカニズムの動力マウントにまで使用するようになった。VF-31A/Sでは機首及び主翼やカナード、エンジンナセルの外板がエネルギー転換装甲で、バトロイドの腕部は肩やヒジなどの関節部分の構造体強化のためにも使われている。VF-31X/AXでは構造の全面的な見直しが行われ、機体フレームのほぼすべてにエネルギー転換装甲が使われることになった。フレームは外板の合計面積の数分の1と、面積としては少ないことから使用に踏み切ることができたという。なおフレームにエネルギー転換装甲を使うのはむろん強度を上げるためではあるが、最終目的は耐久性を高めるためである。そのため、新たに強度方向性を持つエネルギー転換装甲が開発された。作動させると一方向の曲げには強いが90度回転した方向には強度は増さないというもので、これを互いに90度回転させた状態で重ねてハイパーカーボン・カーボンでサンドイッチしたものをフレームとして使用することにした（p30図参照）。耐久性を高めることはすなわち、疲労蓄積による破壊を遅らせることである。疲労は繰り返したわむことで起こる。そこでエネルギー転換装甲によるたわまないフレームを作ったのだ。解凍されたGにより一方向にたわもうとする力を受けても、エネルギー転換装甲で強度を上げることでたわまないようにする。1方向のみの限定的なエネルギー転換装甲であるため消費電力は少なくて済むのである。

VF-1の時代から、OTMを採り入れたVFは概して堅牢であるといえた。だがISCを搭載したVF-24エボリューション以降の近代VFは当時の想像をはるかに超える機動を行うようになり、機体にかかるストレスは計り知れない。VF-31Xは登場からまだ20年も経っておらず、この新型のフレームが実際どの程度の耐久性を示すかは未だ不明だ。フォールドウェーブシステムの影響をどの程度受けるのかも含め、分析結果が待たれる。

ISC (Inertial Store Converter) システム

VF-31は新星インダストリー製のISC、LAI T024Vを搭載している。T024VはVF-25などに搭載されていたT021Cより能力が大幅に向上、慣性制御の影響範囲が機体全体に及ぶようになり、解凍も影響範囲内であればピンポイントに複数の解凍空間や強弱を設定できるようになった。機体を包むISCの影響範囲（フィールド）は球状であるため、ケイオス・Δ（デルタ）小隊に配備され実戦テストに臨んだVF-31Sは、ワルキューレ・メンバーを機体上に乗せて飛行することもできたといわれているが、映像などは残されておらず未確認である。

T024Vでは慣性貯蔵キャパシティも420G/sと大幅に増えた。VF-24用に開発された当時のISCは、パイロットがGを気にすることなく思いっきり機体を振り回せるようになる"魔法の箱"と思われていたが、次第に代償も大きいことが判ってきた。帰還後、慣性力を解凍しないうちに機体を離れれば、パイロットの体にISCが貯めた慣性力が一気に戻り、最悪死亡するというリスクがあった。また空戦機動により慣性を貯めた直後は、被弾しても脱出することができず、結局機と運命をともにしてしまうパイロットもいた。通常は基地や母艦への帰還中にコクピット下方向へ1Gをかけて解凍するが、帰還しても解凍が終わらずに、パイロットがコクピット内で待機しなければならない場合もあった。またそうした解凍に関する問題が大きすぎてあまり注目されなかったのだが、空戦機動中、ISCによりまったくGが感じられなくなったコクピット内でキャノピー外の光景だけが目まぐるしく変化する環境では、ベテランパイロットであろうとも乗り物酔いを起こすことが多かった。パイロットたちのほとんどは飛行訓練初期に激しい機動で乗り物酔いの洗礼を受け、文字通り胃液を吐くまで訓練を続けて克服していたのだが、その時とはまた違う感覚に慣れないパイロットも多かったのだ。こうしたリスクからISCの使用を禁止する飛行隊司令もいたほどだが、実戦を重ねるうちパイロットたちは独自の解決法を編み出していく。

例えば、あえて大きなマイナスGがかかる機動を実施し、これを相殺する分のGをコクピット内に解凍する、といった方法である。こうした解決法は瞬く間に飛行隊の間に広がり、そのうちに機体統合制御システムのARIEL-Ⅲが解凍しながら適切な回避機動を行うようにさえなったという。

写真はケイオス・ラグナ支部のデルタ小隊所属VF-31AX-3番機。
従来VFと比べて発生電力に余裕のある近代VFは、ファイター
モードにおいても限定的ではあるがエネルギー転換装甲による
外装強化が使用できるようになった。VF-31で機体側でなくマル
チパーパスコンテナユニットにガンポッドを装備する仕様に
なった関係上、レーダードームユニット装備機は従来主兵装で
あったガンポッドを携行できなくなったが、それでも機体性能
の向上とエネルギー転換装甲の恩恵により、こうした警戒指揮
管制機の生還率も高くなったという。

　現場から生まれたこれら様々なリスクの解決法などを盛り込ん
で開発されたのが、VF-31用のT024Vである。T024Vはフォー
ルドウェーブシステムに対応させることにより、翼下の武装や
M.M.P.システムなどの外部装備までを含めた機体全体に慣性制
御を施すことが可能になっている。また、解凍する慣性力をピン
ポイントに機体のどこにでも、どの方向にでもかけることも可能
になった。大気圏外でのVF-31の機体の機動はこれを補助的に
利用して行っている。しかし解凍によって動かした機体にかかっ
たGもまたISCに貯められる。しかもその量は等価ではなく機器
の効率の問題があるので、解凍したGよりも貯められるGの方が
やや多い。つまりISCの解凍Gを使って機動戦闘を行えば行うほ
ど、Gが貯め込まれていくのだ。とはいっても、従来通りスラスター
のみで行う機動によって貯まるよりははるかに貯蔵量の上昇率が
低く抑えられる。これは被弾時に緊急脱出した際の未解凍Gによ
る事故のリスクが減ったということであり、またスラスターのプロ
ペラント消費量が大幅に減ったことで稼働時間が増え、帰還率の
改善に繋がっている。
　このT024Vのピンポイントに解凍を行える能力は様々に応用が
利く。帰投時、熱核反応エンジンのエンジンコア内におけるプラ
ズマの封じ込めとプロペラントの圧縮、そしてエネルギー伝達の

補助を、GICを停止しISCに肩代わりさせることで解凍量を増やせ
る。これだけで基地や母艦に帰還した頃には貯めた慣性力はほ
とんど放出し切っており、着陸または着艦後、パイロットはすぐ
に機体から離れられるようになった。またパイロットの乗り物酔
い問題も、コクピットだけはGを100％相殺するのではなく、10-
20％を残してパイロットの体に実際に機動に応じたGがかかるよ
うにした。結果、目で見ている光景と体が感じるGが一致し、機
種転換でVF-31に初めて搭乗したパイロットが乗り物酔いする率
が激減したという。
　さらに、T024VはVF-31X/AXの構造も一新させた。解凍Gに
よる機動でかかったGは相殺されるため、実際にはISCを使わず
に同じ機動をしたVF-31の半分以下のGしか機体にかかっていな
かったのだ。しかし、解凍のため常に機体のどこかに数Gがかかっ
ており、分析の結果、必要なのは強度ではなく耐久性であったと
判明した。そこでVF-31X/AXでは耐久性を重視した構造に一新し
たのである。こうしてISCはVFの設計要素のいくつかを根本から
変えてしまった。今後のVFは、ISCとフォールドウェーブシステム
の運用に最適化することが優先されるだろう。しかし潜在化した
とはいえISCの持つリスクは存在したままであり、一歩間違えれば
大きな事故に繋がるので安全対策も重要になる。

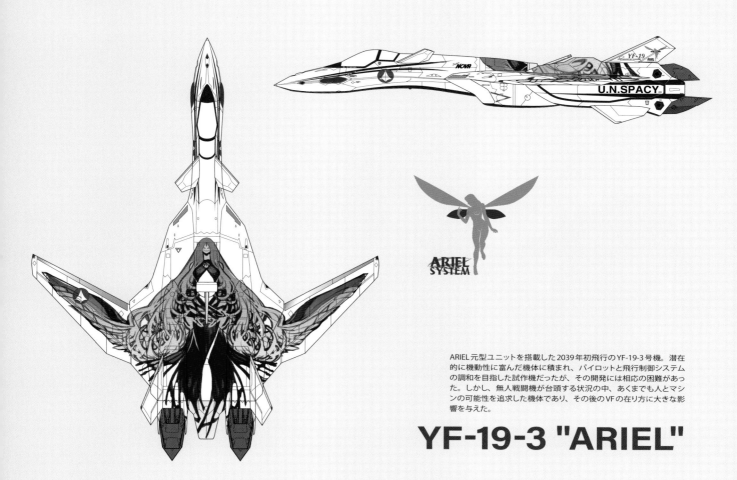

ARIEL 元型ユニットを搭載した 2039 年初飛行の YF-19-3 号機。潜在的に機動性に富んだ機体に積まれ、パイロットと飛行制御システムの調和を目指した試作機だったが、その開発には相応の困難があった。しかし、無人戦闘機が台頭する状況の中、あくまでも人とマシンの可能性を追求した機体であり、その後の VF の在り方に大きな影響を与えた。

YF-19-3 "ARIEL"

ARIEL-Ⅲ

VF-31AX の機体統合制御システムは、VF-31S と同じ ARIEL-Ⅲ がそのまま搭載されている。ARIEL-Ⅲ は VF-19 に搭載されて高い評価を得た ARIEL の直系の発展型である。もともと VF-31A カイロスには BRUNHILD+※ が搭載されていた。BRUNHILD+ は VF-1 の統合制御システムとして開発された ANGIRAS の発展型である。ANGIRAS のルーツは機体全体を常に監視し、その時々の状態を常にシミュレーションし続け、機体に何があっても変わらぬ制御を続けるシステムとして開発されたプログラムから発展している。つまり ANGIRAS は、どんな状況においても機体の制御を優先するシステムであった。その後、新統合宇宙軍の希望もあって機体制御と武装管制と作戦遂行を優先するシステムに進化していった。その最終形態となったのが BRUNHILD+ なのである。ARIEL シリーズに比べ ANGIRAS/BRUNHILD+ が「好戦的」といわれるゆえんである。

ところが VF-19 の登場で問題が生じた。あまりにも高くなりすぎた VF-19 の機動性能は、パイロットを殺す可能性が生じるレベルに達したのである。例えばミサイルが追尾してくる際、ANGIRAS は機体の耐 G 性能ギリギリまで VF-19 を振り回して逃げ切ろうとする。しかしそれではパイロットが G に耐え切れず、最悪の場合死に至る。有人可変戦闘機の場合、ミサイルを回避できてもパイロットが死亡しては意味はない。ちょうど水面下で有人機と無人機の間で主力戦闘機の座をかけた争いが起きている最中だったことから、有人機派側の新統合宇宙軍上層部がパイロット優先の統合制御システムの開発を急がせる。結果からいえば、シャロン・アップル事件により無人機開発の優先度が下がったことから、事実上有人戦闘機の継続運用が決まり、新統合制御システムの開発が継続された。そして生まれたのが ARIEL である。

ARIEL は人間の脳を模し、人間特有の思考プロセスを持ったモジュールである。ANGIRAS では、蓄えられた情報すべてを 1 つ 1 つ検索・検証し、シミュレーションして適不適を判断するが、ARIEL は似たような経験・事例を探し出しシミュレートする。いわゆる直感を模しているプログラムである。ARIEL には

※ BRUNHILD+
VF-31A に搭載されている機体制御総合システムで、ANGIRAS の直系に当たる。新統合宇宙軍のウェポンシステムとの連携を重点に置く、いわば攻撃型のシステム。ブリュンヒルデ。

ARIEL系の飛行制御AIシステムはパイロットが攻撃に集中している際に、周囲の状況を鑑み適切に警告を発し、場合によっては強制的に回避機動を行うなど乗員の生命維持を最優先とするようプログラムされている。ただし「攻撃は最大の防御」という言葉もあるように判断は状況次第でもある。ARIEL-IIIは3つの独立したユニットによって"状況"とその先の"可能性"を検討し、最適な判断を行う。

まずパイロットの心理を学習させることから始め、パイロットの保護を絶対的に優先させるようにプログラムが構成されている。実際ARIELの優秀さは実戦で証明されており、パイロットが判断に迷っている間にパイロットを強制的に脱出させることもあったという。このような事例から、ARIELの直感的制御によりVFパイロット死亡事例が減ったのは事実であり、ARIELはVF用総合制御システムとして成功を収めたといえる。ARIELはいわば、有人戦闘機の存在意義そのものの象徴であるといえる。

その後、VF-24エボリューションにはARIELの発展型を搭載した。史上初めてとなるISCの搭載が決まったからである。ISCは未知の原理を使うシステムであり、一歩間違えればパイロットの命を奪う可能性もあった。そこでパイロットの生存を優先させる制御システムとして、ARIELを載せることにしたのである。もちろんARIELのままでは演算が追い付かないことが予想されたため、VF-19に搭載したものより大容量で高速演算可能なシステムを搭載し、ARIELプログラムを2つインストールして並行に走らせた。しかも、単純に並行処理させるだけではなく、お互いの処理に干渉せず、それでいて常にプログラムの根本的な部分で連携を取る手法を考案した。これがARIEL-IIで、ISCの安全で効率的な使用方法を自ら考案したのがこのシステムである。

その実績を踏まえ、続くVF-31SにはARIEL-IIのさらなる能力向上型であるARIEL-IIIが搭載された。このARIEL-IIIは文字通り3つのARIELを並列演算させている。単純な発想だが、3つのARIELがわずかずつ変えたパラメータで演算比較を繰り返し、自己の"遺伝的発展"を進め、自然発生的に最適解が得られるのだという。一方、汎用量産機を狙ったVF-31Aカイロスにはブリュンヒルト(BRUNHILD)+が搭載された。VF-31AとVF-31Sはほぼ同時に開発が進められていたにも関わらず、統合制御システムを変えた経緯については実は不明な点が多く、よく判っていない。VF-31Sに搭載されなかったのは、表向きBRUNHILD+がフォールドクォーツを使ったより高度なフォールドウェーブシステムに対応できなかったからといわれているが、VF-31AにBRUNHILD+が搭載されたのはANGIRAS直系の火を絶やしたくない勢力による後押しがあったともいわれている。むろん技術継承や選択し得る可能性、という意味で複数技術を研究する意義はある。

VF-31Sでは独立したFCSは廃止されている。ARIEL-IIIがすべての索敵、戦闘機動、脅威判定、状況判断、武装選択、機体操作を総合的に行っているからである。VF-31XにはこのARIEL-IIIがそのまま搭載されているが、この点からもVF-31AX/XがVF-31Aからの発展型ではないことがわかる。

変形システム

　VF-31シリーズにおける、ファイターからバトロイドへの変形パターンの最大の特徴は、コクピット・ブロックが水平のままでバトロイドの胴体上部に収まることだろう。VF-31のベースとなったYF-30クロノスを別にすれば、これはVF-4ライトニングⅢ以来の変形パターンであり、実はVF設計者にとって長年の悲願であった。従来のVFではコクピット・ブロックは上か下を向いてバトロイドの胴体に収まるか、胴体そのものとなる。しかしそれではコクピット内のシートやディスプレイなどを90度回転させて、パイロットを水平状態に維持しなくてはならない。大気圏外の無重量状態ならまだいいが、いくらシートベルトをしているとはいえ、パイロットを長時間上や下を向かせたままにはできない。またバトロイド正面とパイロット着座姿勢が一致していないと、操作にも支障を来すことになる。また、せまいコクピット内で多くの機器を回転させるメカニズムを組み込むのは難しく、従来VFでも前脚を移動させたり前脚収納部そのものを移動させたりと、涙ぐましい努力の跡が窺える機体もある。

　VF-31はVF-25に比べて機首が短いため、もとからコクピットを水平に保つように心がけて設計していたと推察できる。レドームが180度回転して下を向くようになっているのもそれを裏づける傍証だ。VF-4、VF-25でもレドームのみを分割していたが、これはヒンジで下方に向かせる方式で、回転式はおそらくVF-31が初めてであろう。

　コクピットには、後方の頭部レーザーターレットまでのドーサルと、サブインテークがあるグローブの前部が一体になってかぶさり、グローブ下面の肩ブロックが主翼下面に収められていた腕を前方に振り出す。従来VFでは腕ブロックが両エンジン間に収められていたため、ファイターモードで腕部を展開する場合、エンジン（脚部）をいったん胴体から離す必要があったが、VF-31では脚部を定位置から動かさずに腕が出せるシンプルな構造となっている。もっとも、そのような戦術は少なくともVF-1の時代には必要と考えられていなかった。VF-31では腕部に固定武装があるため、ガウォークやバトロイドに変形するよりも早く側面の目標に対応できることからよく使用されるようになった。

　すべての荷重が上下方向からかかる腰部は、強固なブロックに股関節が内蔵され、ブロックごと機首の下面で接続されて全体の荷重をうまく受け止められるような配置なっている。変形のための移動距離やアーム長さなども強度的に配慮されている。

　変形のための駆動は、すべて超伝導リニアモーターとそれを利用したアクチュエーター、あるいは環状超伝導リニアモーターを使用している。VF-25以降は従来の超伝導モーターは使われていない。VF-1以降、変形機構及びバトロイドの各部作動には主に超伝導モーターが使用されていた。超伝導モーターの方が重いが大きな力が出せて、かつコントロールしやすいからだ。超伝導リニアアクチュエーターも使用されていたが、実用化されたばかりで力も弱く、補助として使われるにとどまっていた。しかしピンポイントバリア展開技術の応用で、磁束密度を細かく制御できる技術が確立され強力な磁石が開発されると、超伝導リニアモーターは大幅な進化を遂げアクチュエーターとしての利用ができるようになった。初期の超伝導リニアアクチュエーターは作動ロッドの移動を任意の位置で正確に停止させることが難しかった。し

かし改良されたアクチュエーターはミクロン単位での停止位置制御、そして作動推力と速度の自由なコントロールまで可能になった。そのためアクチュエーターとして条件を充分満たすとして次第に使用する割合が増えていった。もともと回転運動を直線運動に変換しなくてはならない超伝導モーターではエネルギーロスが大きく、スペースも必要であるため、同程度の消費電力でダイレクトに直線運動ができ、かつ省スペースである超伝導リニアアクチュエーターに置き換わるようになっていったのは必然だった。さらに、停止状態での推力コントロール（外力に対しての反力コントロール）も可能になったことから、場所によってはアクチュエーター単体でダンパー及びサスペンションの機能も同時に持たせている。VF-31では、前脚及び主脚の引き込み用アクチュエーター兼サスペンション兼ダンパーとして使用している。

　VF-31では環状超電導リニアモーターの使用箇所も多くなった。直線運動を回転運動に換えるモーターというと、名称の字面だけみれば本末転倒な印象を受ける。要はリング状にしたリニアモーターで、2重のリングのみで中心軸がない。内側に大きな空間が必要な場合には有用なモーターである。VF-31ではインテークの一次コンプレッサーファン、バトロイドのひじや肩関節の駆動、VF-31X/AXではさらにヒザ関節内のエアダクトを曲げる機構に使われている。

　VF-31ではピンポイントで慣性力の解凍が行える改良型ISCによりブロックの変形動作を行う場合もある。ただし、大きくは動かせるが細かい速度調節や停止ができるわけではなく、また常に使えるだけの慣性力が貯まっているとは限らないため、あくまで超伝導リニアアクチュエーターの補助として使われる。しかし余剰の慣性力の解凍が行えるうえ、アクチュエーターの消費電力も少なくなることから恩恵は大きい。

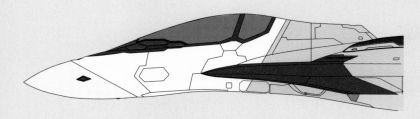

01

ファイターモードにおける機首。

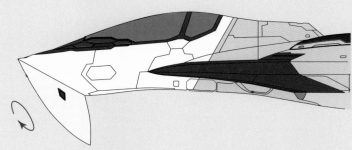

02

変形開始とともにノーズのレドームが180度回転する。

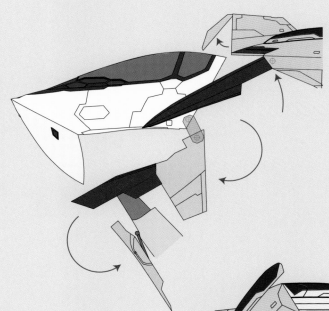

03

コクピット・ブロックを中心として、ドーサルは上部へ、機首中央ブロックは股関節をともなって下方へ、それぞれアームを軸に回転し移動する。ドーサルの内部からはカバーが出てくる。

04

上半身の変形完了図。コクピット・ブロックは完全に水平を保って変形が行われる。
図中の緑色の枠で囲った部分は腕の基部の構造（図では透過）を示す。この構造は直上のグローブのフレームを構成する一部である。

機首部分の変形を模式図で示す。この変形手順はあくまでも構造の位置や回転の変化を分かりやすく表したもので、実際の変形はすべての動作が同時に行われると考えてよい。また、頭部ターレットは省略している。

コクピットは外装やフレームで完全に覆われ防護される。

DRAWINGS

CAUTION SIGN OF VF-31AX/X KAIROS PLUS
VF-31AX/X カイロスプラス コーションデータ

VF-31AX/Xの基本的なコーション及びユニット・エアクラフトナンバー（モデックス）の記入位置を示す。

- ■新統合宇宙軍インシグニア
- N.U.N.SPACY
- ■新統合宇宙軍表記
- ■ユニット・エアクラフトナンバー
- 1234567890　T.O.による指示書体
- 1234567890　T.O.で認可されている書体の一つ

- **DANGER** 火薬作動装置（イジェクションシート）
- ジャッキポイント　タイヤ交換や非常時に機体をジャッキアップする際、ジャッキで支える位置。
- ホイスト（吊り上げ）ポイント　クレーンなどで機体を吊り上げる必要がある場合に、フックをかける位置。
- 繋留ポイント　海上や宇宙空間の空母上などで、機体を固定しておくためのワイヤーフックをかける位置。

AX型及びX型も、基本的に機体表面のカラーリングは対光学兵器用気化シートへのプロジェクション・マッピングによって行われる。ただしコーションは機体表面にシールを貼っており、投影画像に関係ない。コーションは地上整備員が機体の整備時に参照するものである。外部電源に接続されておらず、反応エンジンも停止して機体システムがOFFになっている状態ではプロジェクション・マッピングが機能しないことから、コーションは投影画像とは切り離す必要があるのだ。

なお、対光学兵器用気化シート自体が戦闘によって攻撃を受けると蒸発する消耗品のため、コーションも重要なものはその都度貼り替えられるが、特に不都合がない場合、一部は消失してもそのままにしておく場合がある。配備初期など整備員が全体的にその機種に不慣れな時期はコーションも多く、徐々に少なくなっていく傾向がある。

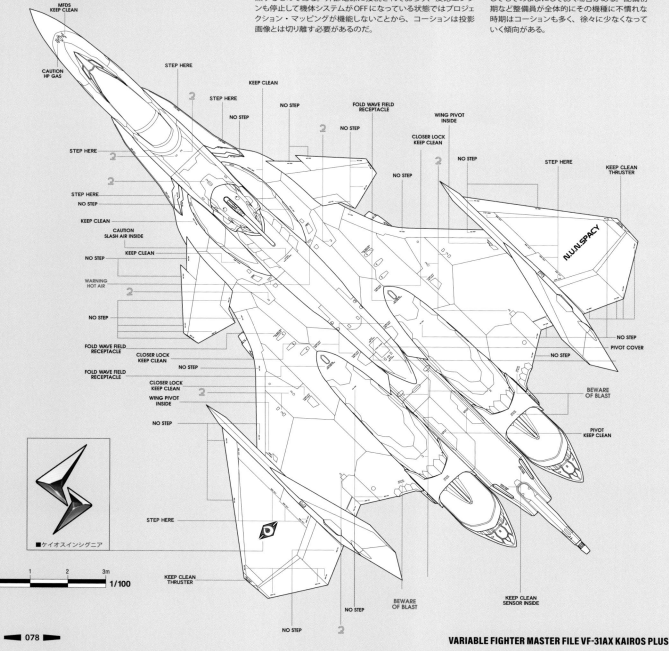

■ケイオスインシグニア

0　1　2　3m
1/100

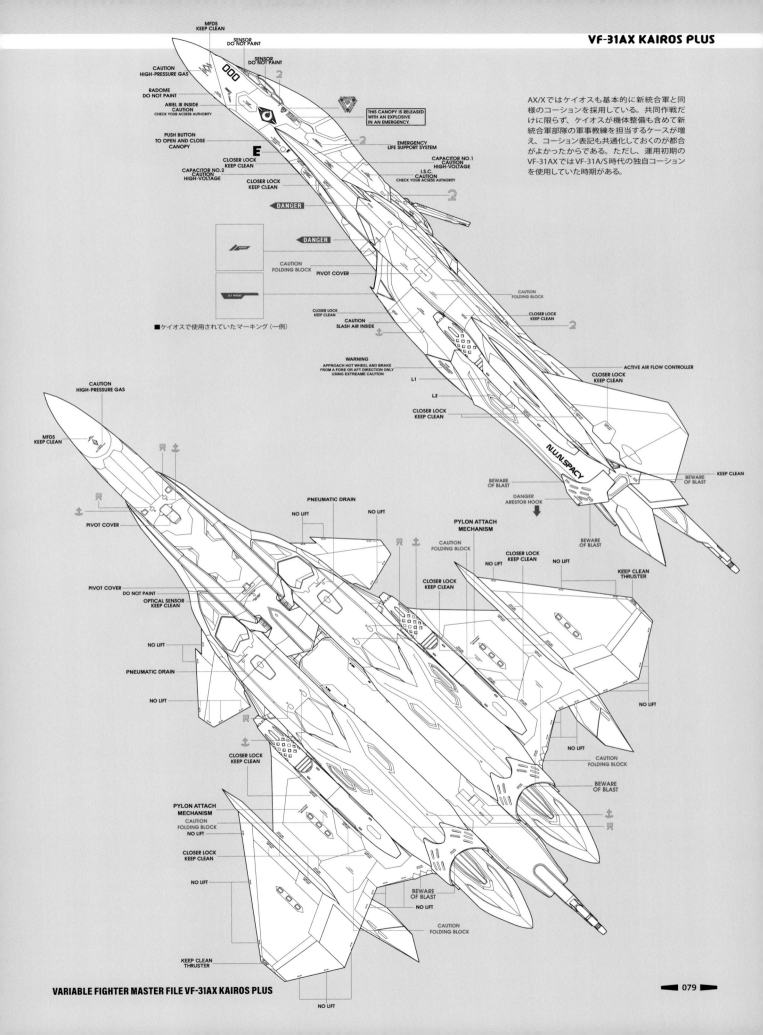

AX/Xではケイオスもき本的に新統合軍と同
様のコーションを採用している。共同作戦だ
けに限らず、ケイオスが機体整備も含めて新
統合軍部隊の軍事教練を担当するケースが増
え、コーション表記も共通化しておくのが都合
がよかったからである。ただし、運用初期の
VF-31AXではVF-31A/S時代の独自コーション
を使用していた時期がある。

MFDS
KEEP CLEAN

SENSOR
DO NOT PAINT

SENSOR
DO NOT PAINT

CAUTION
HIGH-PRESSURE GAS

RADOME
DO NOT PAINT

ARIEL III INSIDE
CAUTION
CHECK YOUR ACSESS AUTHORITY

THIS CANOPY IS RELEASED
WITH AN EXPLOSIVE
IN AN EMERGENCY.

PUSH BUTTON
TO OPEN AND CLOSE
CANOPY

EMERGENCY
LIFE SUPPORT SYSTEM

CLOSER LOCK
KEEP CLEAN

CAPACITOR NO.1
CAUTION
HIGH-VOLTAGE

CAPACITOR NO.2
CAUTION
HIGH-VOLTAGE

I.S.C.
CAUTION
CHECK YOUR ACSESS AUTHORITY

CLOSER LOCK
KEEP CLEAN

DANGER

DANGER

CAUTION
FOLDING BLOCK

PIVOT COVER

CAUTION
FOLDING BLOCK

CLOSER LOCK
KEEP CLEAN

CLOSER LOCK
KEEP CLEAN

CAUTION
SLASH AIR INSIDE

JET INTAKE

■ケイオスで使用されていたマーキング（一例）

WARNING
APPROACH HOT WHEEL AND BRAKE
FROM A FORE OR AFT DIRECTION ONLY
USING EXTREAME CAUTION

L1

L2

CLOSER LOCK
KEEP CLEAN

ACTIVE AIR FLOW CONTROLLER

CLOSER LOCK
KEEP CLEAN

N.U.N.SPACY

BEWARE
OF BLAST

BEWARE
OF BLAST

KEEP CLEAN

CAUTION
HIGH-PRESSURE GAS

MFDS
KEEP CLEAN

PIVOT COVER

PNEUMATIC DRAIN

NO LIFT

NO LIFT

PYLON ATTACH
MECHANISM

CAUTION
FOLDING BLOCK

DANGER
ARESTOR HOOK

BEWARE
OF BLAST

PIVOT COVER

DO NOT PAINT

OPTICAL SENSOR
KEEP CLEAN

NO LIFT

PNEUMATIC DRAIN

NO LIFT

CLOSER LOCK
KEEP CLEAN

CLOSER LOCK
KEEP CLEAN

CLOSER LOCK
KEEP CLEAN

NO LIFT

NO LIFT

KEEP CLEAN
THRUSTER

NO LIFT

CAUTION
FOLDING BLOCK

BEWARE
OF BLAST

CLOSER LOCK
KEEP CLEAN

PYLON ATTACH
MECHANISM

CAUTION
FOLDING BLOCK

NO LIFT

CLOSER LOCK
KEEP CLEAN

NO LIFT

BEWARE
OF BLAST

NO LIFT

CAUTION
FOLDING BLOCK

KEEP CLEAN
THRUSTER

NO LIFT

VF-31AX/X KAIROS PLUS
GERWALK

■ガウォーク

　ガウォークはVFの航空機形態（ファイター）、地上格闘戦用の人型二足歩行形態（バトロイド）に次ぐ第3の形態である。略称の元となった「GERWALK ＝ Ground Effective Reinforcement of Winged Armament with Locomotive Knee-joint ＝ 可変膝関節による有翼高機動地表効果支援兵器」の示す通り、飛行形態でありながら脚を持ち、地表付近における活動を可能とする特殊形態であり、初代VF-1バルキリーやその前身機VF-0フェニックスの時代から確立していた運用である。

　ファイターとバトロイドの中間形態といわれ、確かにそのような見方もできるが、実際にはファイターからガウォークを経由せずにバトロイドに変形することが可能（その方がむろん早く変形完了する）。

　機体が持つ装置の中で最大推力を発する脚部ノズルを機体下面の広い範囲に振り向けることができ、また前方に対して強力なカウンター噴射を行えるため、通常航空機には不可能な、強力な減速をともなう機動が可能となる。それだけでなく、下方へ噴射することで垂直離着陸やホバリング、斜め後ろで地上すれすれを低速飛行できることなど応用範囲も広い。

　VF-31では、S型の開発時にBHOバランサーシステムに※よる微細なコントロールが実現し、地上付近で噴射の影響を従来VFに比べ最小限に抑えつつ、精密機動が可能となった。このシステムは戦術音楽ユニット「ワルキューレ」との連携のために開発されたものだが、救助や作業時にも安全性が高まった。AX/X型でもこのBHOバランサーは踏襲されている。

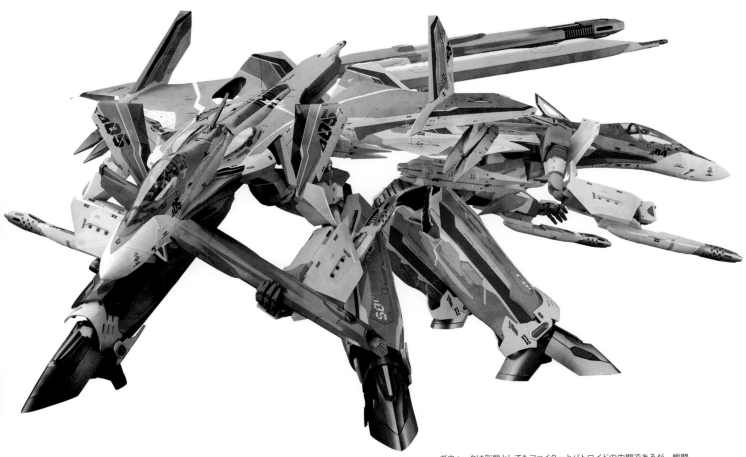

※BHOバランサーシステム
ブラックホール・オカリナ・バランサーシステム。第一次星間大戦前の軍用ヘリ、AH-64Aが装備していたシステムから発案されたもので、赤外線追尾ミサイルに対しても効果があった。

ガウォークは形態としてもファイターとバトロイドの中間であるが、戦闘速度領域においても同様だ。大気圏内においてファイターは出力を絞りすぎると失速して飛行できなくなるが、推力を下方に向けられるガウォークはより低速で行動できる。現在のVFはバトロイドでも飛行が可能だが、その状態で戦闘機動を行うには高度な技術が必要で、動翼やスラスターの補助があるガウォークの安定度には及ばない。

VF-31AX/X KAIROS PLUS
BATTROID

この画像はケイオス ラグナ支部のΔ（デルタ）小隊所属、5番機ハヤテ・インメルマン少尉（当時）の機体を再現している。VF-31AXが彼らによって初めて実戦に参加した際は、VF-31Sジークフリードのコーションをほぼ引き継いでおり、現在のケイオス標準とは異なっている。
VF-31のバトロイドは、腕部に固定武装を装備するようになったため、手になにも持たずフリーにできることが大きな特徴である。むろんガンポッドなど他装備もプラスして扱える。

VF-31Sでは戦術音楽ユニット「ワルキューレ」支援の必要もあって、脚部に繊細な推力コントロールを可能にする装置を取り付けた。そのため、パイロットの腕次第ではあるが「ダンスを踊るような」動きも可能になった。VF-31AX/Xでもこの仕様は引き継がれている。近年では、各地の航空祭においてVF-31AX/Xのバトロイドによる"演舞"的な演目も増えている。熟練パイロットたちの操縦により、氷上のスケートのような華麗な技を見ることができるという。

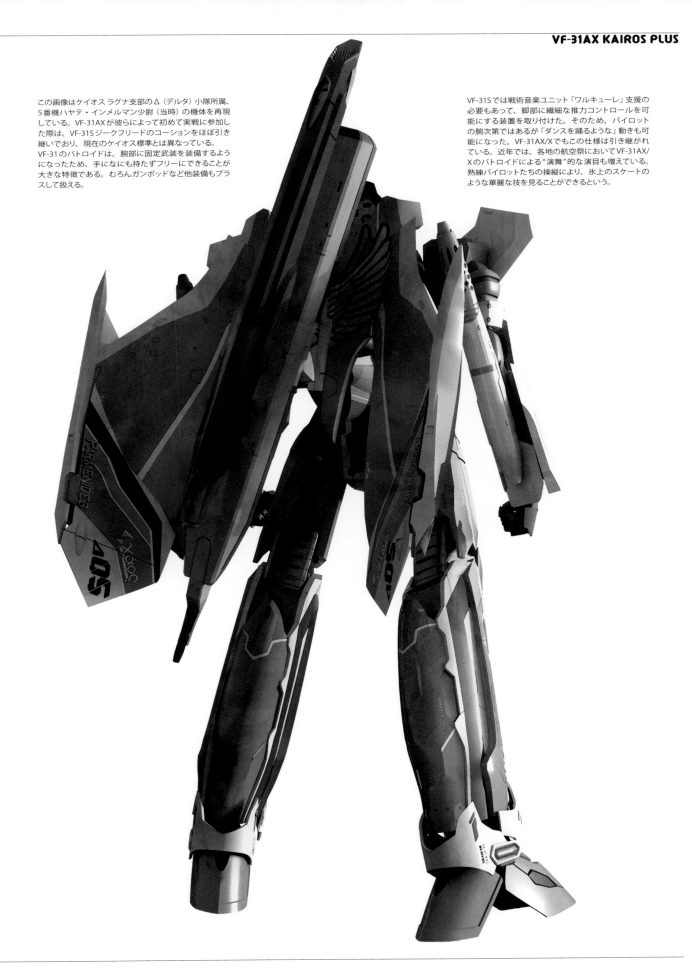

Weapons of VF-31AX
VF-31AXの搭載兵装

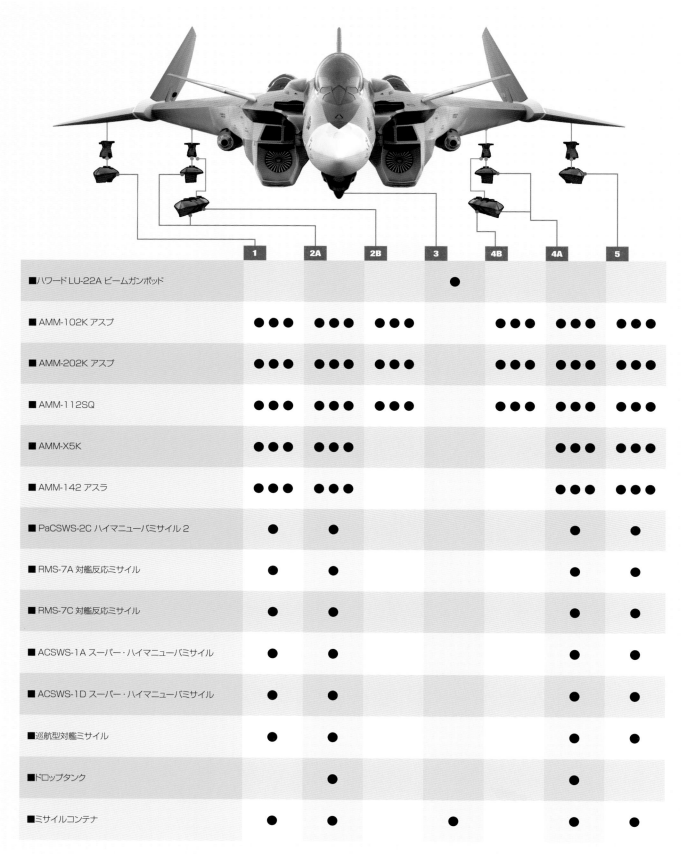

	1	2A	2B	3	4B	4A	5
■ハワード LU-22A ビームガンポッド				●			
■AMM-102K アスプ	●●●	●●●	●●●		●●●	●●●	●●●
■AMM-202K アスプ	●●●	●●●	●●●		●●●	●●●	
■AMM-112SQ	●●●	●●●	●●●		●●●	●●●	
■AMM-X5K	●●●	●●●				●●●	●●●
■AMM-142 アスラ	●●●	●●●				●●●	●●●
■PaCSWS-2C ハイマニューバミサイル2	●	●				●	●
■RMS-7A 対艦反応ミサイル	●	●				●	●
■RMS-7C 対艦反応ミサイル	●	●				●	●
■ACSWS-1A スーパー・ハイマニューバミサイル	●	●				●	●
■ACSWS-1D スーパー・ハイマニューバミサイル	●	●				●	●
■巡航型対艦ミサイル	●	●				●	●
■ドロップタンク		●				●	
■ミサイルコンテナ	●	●		●		●	●

※No.2B及び4Bは独立したハードポイントではなく、No.2A及び4Aに専用の長尺パイロンを装着することで片側前後2箇所へ搭載することが可能となる。No.3は基本的にマルチパーパスコンテナユニットに設けられる接続部であるが、コンテナの種類によっては武装を懸架できない仕様のものもある。なお、VF-31AX/Xは VF-11以降の新統合宇宙軍 VF が使用する翼下懸架式武装のほとんどを搭載可能である。

主翼ハードポイント

　航空機の開発においては、いかに軽量化するかにその航空機の将来がかかっているといっても過言ではない。機体そのものや内部機材、積載装備のアップデートには少なからず重量増が絡むのが常であり、機体のキャパシティが足りなければそれ以上の更新ができなくなるからだ。

　VFでもその設計優先度は変わらず、通常の航空機と同様、基本的に一ヶ所にかかった力を機体全体に分散させてその部分が大きく破損しない設計とし、かつ全体的な強度を下限限界近くに設定し、部材を細く薄くして極限まで軽くしている。しかし翼下面の兵装を懸架する場所など、部分的にどうしても強度が必要な部分がある。それがハードポイントだ。主翼のほか、胴体においても整備の際ジャッキアップするためにジャッキを当てる部分もハードポイントと呼ばれる。要するに必要があって構造強化された箇所をそのように呼ぶ。

　ところが、強度の高い部分と低い部分の境界に応力が集中すると、最悪の場合そこを起点に破損してしまう。したがってハードポイントを設ける部分は慎重に強度設計をしなければならない。場所によっては想定外の補強材を加えなければならない場合もあり、重量増加に繋がってしまう。VFではVF-11サンダーボルト※までは翼下に兵装用ハードポイント、胴体上面にブースターパック用のハードポイントを設けてきた。VF-19以降は胴体上面にブースターパックを取り付けるとバトロイドになった際にうまく背面にブースターパックを配置することができなくなったので、主翼にスーパーパックのブースターユニットを取り付けるようになった。これはVF-25に継承されたが、薄い主翼を部分的に強化するのは難しかったといい、VF-19、VF-25ではブースターパックに重量制限が設けられた。VF-31ではこの反省を踏まえ、内翼と外翼の接合部にブースターパック用ハードポイントを設けた。ここは垂直尾翼も設けられていて、もともと強度は高い部分だった。さらに外翼と垂直尾翼の折り畳み機構も内蔵されていることから、様々なメカニズムを集約させるにも都合が良かったのである。VF-

31A/Sでは垂直尾翼を内翼上に折り畳み、外翼は下方に折り曲げて断面部分にブースターパックを取り付けた。この場所にしたおかげで重心とブースターのスラストライン、エンジンのスラストラインに上下差がなく、一直線に横並びとなって推力のロスが減り、加速性能が飛躍的に良くなった。VF-31AXではこの部分に独立したジョイントブロックを設けハードポイントとした。空力的にも大きな力が加わる部分であるが、外翼や垂直尾翼の折り畳み機構を内蔵させて充分な強度を確保したことから、ブースターパック

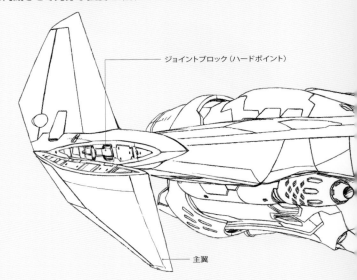

ジョイントブロック（ハードポイント）

主翼

の重量制限はなくなった。アーマード装備において、このハードポイントに不釣り合いなほど巨大なマイクロミサイルランチャーを装備したブースターパックを取り付けることが可能になったのも、この強化の賜物である。このジョイントブロックはもともとVF-31Xで内翼と外翼の間に第3、第4のエンジンを取り付けるつもりで設けられたものでもあり、強度は充分すぎるほどあるのだ。

主翼下ハードポイント

　VFはもともと「戦闘機」であり、攻撃用兵装を搭載したウェポン・プラットフォームという側面もある。そのため歴代VFもかつての戦闘機のように、主翼下面にミサイルなど様々な兵装を搭載することができた。VF-31の各型では内翼と外翼下面に1ヶ所ずつ、計4ヶ所の兵装懸架用ハードポイントが設けられている。このハードポイントに、パイロンと称するアダプターを取り付け、対応するラックを介して兵装を取り付ける。主翼下のハードポイントは強度を増しているだけではなく、様々なパイプや配線が通されている。兵装リリースの信号は機体外への伝達のためFBRWではなく、電線による。

　ハードポイントに取り付けられるパイロンには高い汎用性が求められる。初代VFであるVF-1は、統合前の旧時代に使われていた各国の兵器の多くを搭載することができるよう設計された。そのため第一次星間大戦以降も地球各地で破壊を免れたデッドストックのミサイルなどを、対ゼントラーディ軍用に使うことができた。現在はさすがにこれらの兵器は残っていないが、VF-31においてもそれら旧時代の兵器を搭載することができるという。VF-31ではハードポイント部分に新規格のユニバーサル・アタッチメントが取り付けられている。これはその名の通り、取り付けるパイロンに合わせて懸架ポイントや配管、配線の位置を短時間で自由に変えることが可能で、多種多様の兵器を搭載することを可能としている。

※VF-11サンダーボルト
2030年に配備が開始された新星インダストリー製のVF。VF-1以来の汎用性を有する機体といわれ、歴代のVFの中でも最も生産数が多い。地球圏や移民船団、また大気圏内外を問わず広く運用された。

ハワードLU-22A ビームガンポッド

■展開状態

■収納状態

■ビームガンポッド五面図

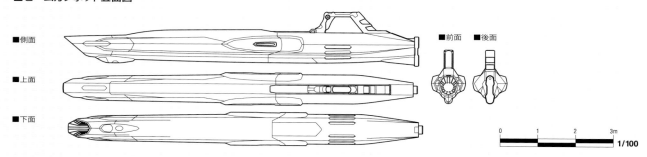

■側面

■上面

■下面

■前面　■後面

0　　1　　2　　3m

1/100

　VF-31AXはVF-31S/A用のハワードLU-18Aに替わり、LU-22Aガンポッドを装備する。LU-22Aはより強力なVF-31S用の携行兵器として開発中だったもので、ケイオス・ラグナに提供された最初のVF-31AXはその先行量産型のLU-22A-0を搭載した。

　VF-31S用LU-18AはVF用ガンポッドとして初のビームガンであり、トリガーを引いてから敵機に命中するまでのタイムラグがほとんどないことから、的確に発射機会を捉えることができ、命中率の向上が期待されていた。実際に長距離移民船団の護衛飛行隊など、大気圏外で運用する部隊では明らかな命中率、撃破率の向上が認められたが、大気圏内では威力の減衰は免れず、相手が強力な耐ビームコーティングを施すなどの対策を立てるようになると撃破率は低下した。また性能が向上した最新型のVF用ピンポイントバリアに対しては、減衰したビームが容易に弾かれてしまうこともあった。

　そこでハワード社では、外形は同じで実体弾を発射するレールガンタイプも開発し、特に大気圏内に展開するVF-31飛行隊に配備した。ハワード社ではこの経緯を鑑み、内部のユニットをビーム用か実体弾用かミッションによって選べるマルチタイプのガンポッドを開発することにした。ちょうどハワード社内でいわゆる爆発電池を応用したパワー・カートリッジの開発に成功、レールガン用弾が完成した時期でもあった。

　パワー・カートリッジは、カートリッジ内に電解質と高性能爆薬を詰め発火させることにより、一瞬だが極めて大きな電力を発生させることができる小型の発電システムである。レールガン用パワー・カートリッジは先端に弾頭が嵌め込まれ、ビームガン用は弾頭がなくカートリッジは発電するのみである。このカートリッジ部分を共通にできたことが、このガンポッドのマルチ化の成功の鍵になったといえる。カートリッジは発火時に極めて腐食性の高いガスが発生するため、ガンポッド外装の一部を大きくスライドさせ速やかにガスを排出する構造になっている。

ラミントン LM-30A レールマシンガン

VF-31X/AXになって両腕部に取り付けられたラミントンのレールマシンガンは口径30mmのLM-30Aに強化されている。そもそも腕部にレールガンを取り付けたのは腕部の収納方法が変わり、ガウォーク／バトロイドへの変形時にガンポッドを持つタイミングが従来VFより遅れるからである。従来VFは両エンジン間に腕部が収納されており、ガンポッドはその腕に搭載するようになっていた。そのためガンポッドのグリップ位置から手首までが近い。しかしVF-31で変形方法が大幅に変更されたことから、マルチパーパスコンテナに装着されるようになったガンポッドまで、手首の距離が遠くなった。バトロイドへの変形は敵と非常

に距離が近い時に行われることが多く、データがそれを裏付けている。そして相手もまたバトロイドやクァドラン系バトルスーツ、つまり人型であり銃器を構えている可能性が高く、変形中にほんの一瞬無防備になる隙を突かれ、形勢が不利になるケースもあるという。そこでそのわずかな時間の隙を解消するため、レールガンを装着した。

いうまでもなくレールガンは実体弾を発射する兵器である。近年のVFは対光学兵器用気化装甲で機体を覆ってあり、レーザービームなどが当たっても装甲を蒸発させて出力を30%程度低下させたのと同程度のダメージに低減する効果がある。しかし実体弾、しかも至近距離であれば初弾からダメージを与えることができるのである。

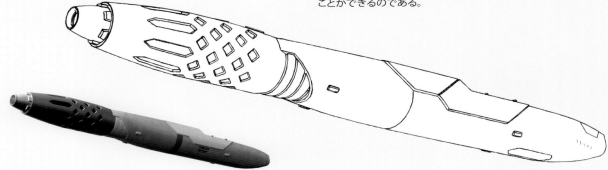

脚部ミサイルパレット

エンジンナセルの側面には、ビフォーズCIMM-3Bマイクロミサイルパレットが3基ずつ搭載されている。これはオプションであり、プロペラントタンクと交換することも可能だが、射出口があるパネルごと交換しなければならないことからほぼ搭載したままの標準装備のようになっている。

搭載しているマイクロミサイルはHMM-25で、パレット1基あたりスタンダードタイプで18発、ショートタイプで最大36発装填できる。射出口は3分割されたドアで常時閉じられているが、発射時は前方の2枚が左右に開き後方の1枚は前方に移動し斜めの射出ランプとなる。HMM-25は後方から次弾に押されるように射出位置に付き電磁誘導式射出装置で機外に射出される。射出パターンは単発、2発連続、3発連続、全弾連続射出などが選べる。

マイクロミサイルは基本的に自衛、あるいは相手の軌道を限定させるための"見せ弾"に使われるものであるため、特に大気圏外戦闘においてはM.M.P.システム※（現状はスーパーパックかアーマードパック）を装着するため、脚部の射出口は覆われて使用できない。つまりこの場合、M.M.P.のマイクロミサイルを撃ち尽くし、パックをパージ後もさらに戦闘を継続しなければならない場合に使われる「最後の武器」である。そうした状況の場合、ARIEL-IIIが自己判断で自衛のため発射することもある。

M.M.P.を装備しない大気圏内戦闘においてはその限りではないが、HMM-25は射程距離が短く、近距離での戦闘のみに使われるため「最後の武器」であることは変わらない。

HMM-25は最初の発展型マイクロミサイルHMM-10からの直系後継機で、VF-25から搭載が可能になった。センシングはレーザースキャンに依っており、射出後FCSが示した方向に1回だけ広域スキャンを行ってFCSのデータと照らし合わせ、目標を決めて追尾を開始する。以降は一定時間の間隔でスキャンを続け、目標の位置を確認しながら命中するまで追尾する。しかしミサイルとはいえ小型ではあるので、機動性能は高いが射程距離は短い。つまり機動性能の高いVFやバトルスーツでも回避こそ難しいが、モーターランが短いため振り切ることは可能である。しかし3発を1組にして互いに連携させる使い方は有効である。1発は目標の航跡をトレスするように追尾、1発は常に目標を視野に入れながら追尾する通常の追尾、そして3発目は目標の未来位置を予測して先回りする方式を採ることで、高確率で命中させることができる。これは俗に"殲滅モード"と呼ばれる。

スタンダードタイプは、ショートタイプに比べ射程距離が2倍となっている。"殲滅モード"ではスタンダードタイプが囮となって目標を追い回し、ショートタイプで仕留めるといった使い方ができる。

ARMORED PACK
アーマードパック

M.M.P.システム

　従来、可変戦闘機の作戦適合性を高めるための追加装備（オプション）はFASTパック（Fuel, Arms, and Sensor Tactical-Pack）として総称されていた。これは旧地球時代のファストパック（Fuel And Sensor Tactical-Pack）やコンフォーマルタンクから発展したものである。VF-31の場合は、これら外部装備もYF-30クロノスが示した汎用コンテナパックシステムの概念に吸収される形でM.M.P.（Modular Multipurpose-Pack）システムと呼ぶようになった。とはいえ、追加のブースターやプロペラントタンク、武装、センサーシステムなどで構成されるユニットを外装し、VF本体の能力を延伸する概念自体は従来とさほど変わらず、特に大気圏外における作戦行動時間の延長と戦闘力の向上を図る装備を「スーパーパック」と通称する慣例は健在である。

　またVF-31Xにも、防御力や航続力などの能力向上を図りつつ、1ソーティあたりの任務遂行力を上げるために多量の兵装を積載する「アーマードパック」が大気圏外専用装備として用意されている。

　VF-31シリーズは外形をはじめ機体の様々な規格に共通な点が多く、スーパーパックとアーマードパックはほとんど共通である。ただし、少なくともスーパーパックのメインブースターはAX/X用に新たなものが用意されている。また、一部を除きAX/X型がA/S型用のオプションを装備することは可能である（その逆も可）。これによりケイオスだけでなく新統合宇宙軍も、必要に応じてA/S/X型を混在で部隊配備し、装備ともども効率的に運用できるようになった。

VF-31AX/X
ARMORED KAIROS PLUS
BATTROID

■大型連装ビーム砲ユニット

■胸部装甲／
　ミサイルポッド

腰部装甲

腕部ガンユニット

■メインブースターユニット

■脚部装甲ユニット

背部のビームユニットはマルチパーパスコンテナユニットの代わりにドーサル尾部の支持架に接続される。ビームユニットはコンテナのように格納できないため、ファイター形態では常時、上部旋回砲塔となる。追加装甲で覆われると機体側センサーの一部が機能しなくなることから、アーマードパーツの各所にもセンサーが設けられている。

ミサイルパック

SUPER PACK スーパーパック

メインブースターユニット／
ミサイルポッド

脚後部ブースターユニット

胸部装甲／
ミサイルポッド

腰部装甲

腕部シールド

インテーク装甲ユニット／
プロペラントタンク

エンジンナセル装甲ユニット

■VF-31A/AX用スーパーパックの構成

スーパーパックは基本的に大気圏外専用装備である。大気圏内ではインテークから採り込んだ空気を利用することで機体にプロペラント（推進剤）を搭載する必要がないVFだが、大気圏外で機動するためにはどうしてもプロペラントが必要となる。スーパーパックは推進剤の機体搭載量が極端に少なかった時代に考案されたVFのオプション装備である。VF-31のような近年のVFでは、ISCの搭載でプロペラントをより効率的に使用できるようになったが、戦闘継続時間を延伸し、少しでも敵よりも長く、また機敏に機動するためには現在でも必須といっていい装備である。

なお大気圏内においても、近代VFの推力重量比であればスーパーパックのエンジンを使用せずとも本体の推力だけで飛行は可能である。ただし、重量による慣性をISCである程度コントロールしたとしても、抵抗（ドラッグ）が大きく機動戦闘には不向きである。ただし宇宙空間で出撃し、そのまま大気圏内に突入したような場合にはミサイルなど武装を最大限活用した後、スーパーパーツをパージして戦闘を継続するなど、VFの全領域行動可能な点をより効果的に活かす使い方はある。

VF-31AX/X
SUPER KAIROS PLUS
BATTROID

マルチパーパスコンテナ
／ビーム砲＆ビームガンポッド

腕部シールド

胸部装甲／
ミサイルポッド

腰部装甲

メインブースターユニット
／ミサイルポッド

エンジンナセル装甲ユニット

VF-31A/Sではスーパーパックのメインブースターを主翼上面に取り付けていたが、AX/X型では主翼を折り畳んだ際に露出するドッグトゥース側面のハードポイントへ接続する。ブースターのミサイルポッド部分は全長が延伸された。アーマードパックと同様に装着状態でファイター／ガウォーク／バトロイドへの3形態へ変形可能。また、マルチパーパスコンテナユニットの収納／展開もできる。

CAUTION SIGN OF VF-31AX ARMORED PACK
VF-31AX アーマードパック コーションデータ

VF-31AX/X用アーマードーパックの基本的なコーションを示す。

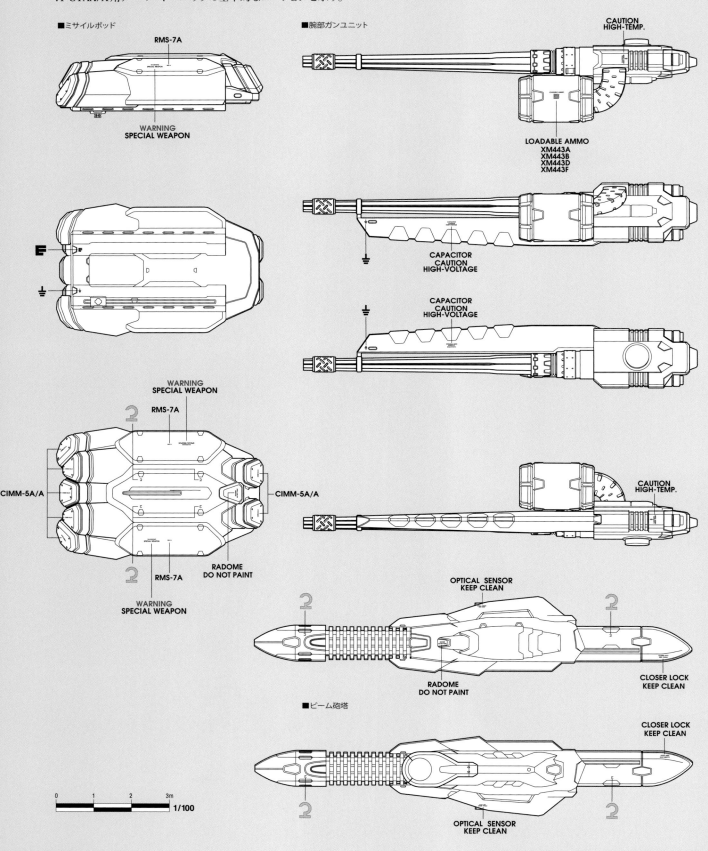

■ミサイルポッド

RMS-7A

WARNING
SPECIAL WEAPON

■腕部ガンユニット

CAUTION
HIGH-TEMP.

LOADABLE AMMO
XM443A
XM443B
XM443D
XM443F

CAPACITOR
CAUTION
HIGH-VOLTAGE

CAPACITOR
CAUTION
HIGH-VOLTAGE

WARNING
SPECIAL WEAPON

RMS-7A

CIMM-5A/A

CIMM-5A/A

RMS-7A

RADOME
DO NOT PAINT

WARNING
SPECIAL WEAPON

CAUTION
HIGH-TEMP.

OPTICAL SENSOR
KEEP CLEAN

CLOSER LOCK
KEEP CLEAN

RADOME
DO NOT PAINT

■ビーム砲塔

CLOSER LOCK
KEEP CLEAN

OPTICAL SENSOR
KEEP CLEAN

0　1　2　3m
1/100

■メインブースターユニット

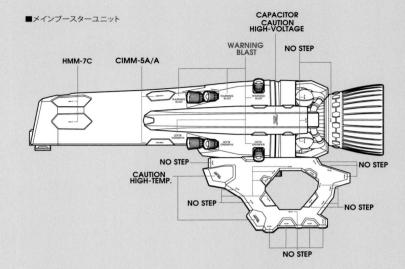

■腰部装甲

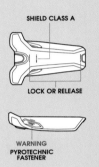

■胸部装甲／ミサイルポッド

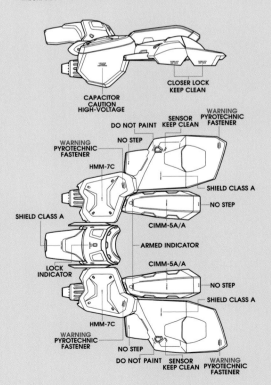

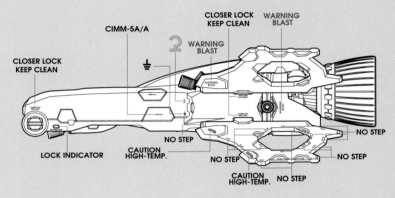

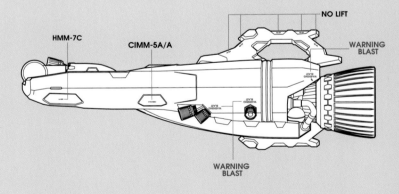

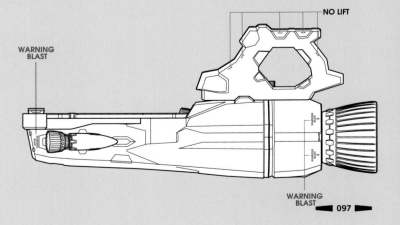

■脚部装甲ユニット

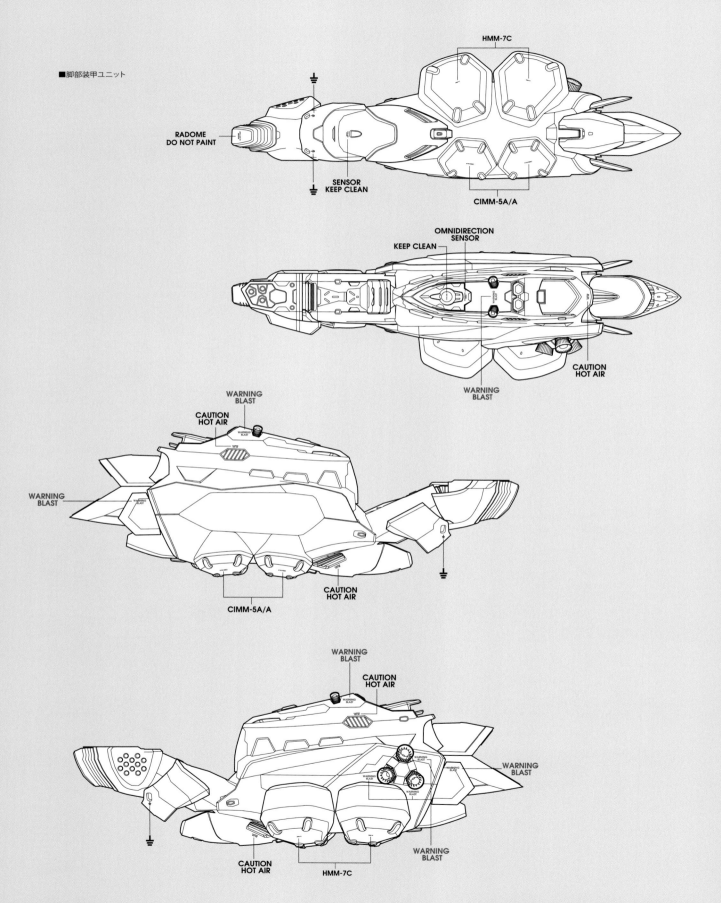

HMM-7C

RADOME
DO NOT PAINT

SENSOR
KEEP CLEAN

CIMM-5A/A

OMNIDIRECTION
SENSOR

KEEP CLEAN

CAUTION
HOT AIR

WARNING
BLAST

WARNING
BLAST

CAUTION
HOT AIR

WARNING
BLAST

WARNING
BLAST

CIMM-5A/A

CAUTION
HOT AIR

WARNING
BLAST

CAUTION
HOT AIR

WARNING
BLAST

WARNING
BLAST

CAUTION
HOT AIR

HMM-7C

WARNING
BLAST

CAUTION SIGN OF VF-31AX SUPER PACK
VF-31AX スーパーパック コーションデータ

VF-31AX/X用スーパーパックの基本的なコーションを示す。

メインブースターユニット／
ミサイルパック

胸部装甲／
ミサイルパック

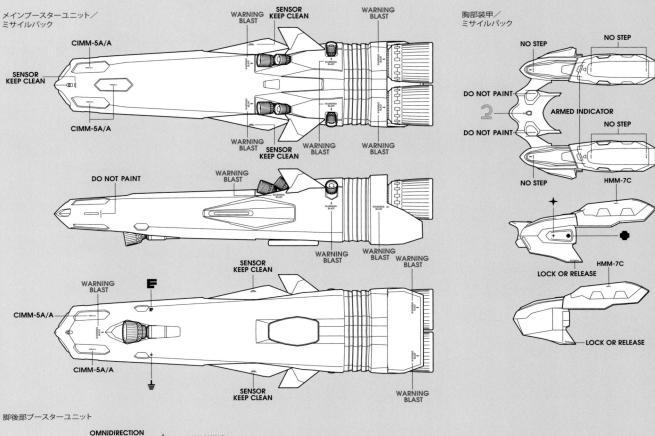

脚後部ブースターユニット

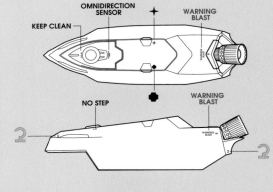

腕部装甲ユニット

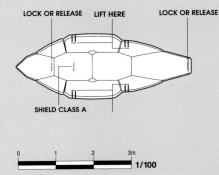

インテーク装甲ユニット

エンジンナセル装甲ユニット

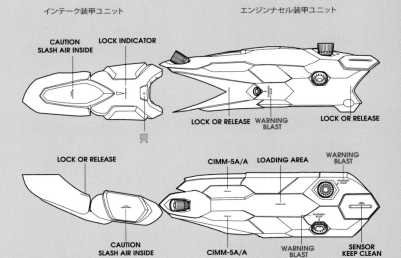

0　1　2　3m
1/100

SUPER GHOST
スーパーゴースト

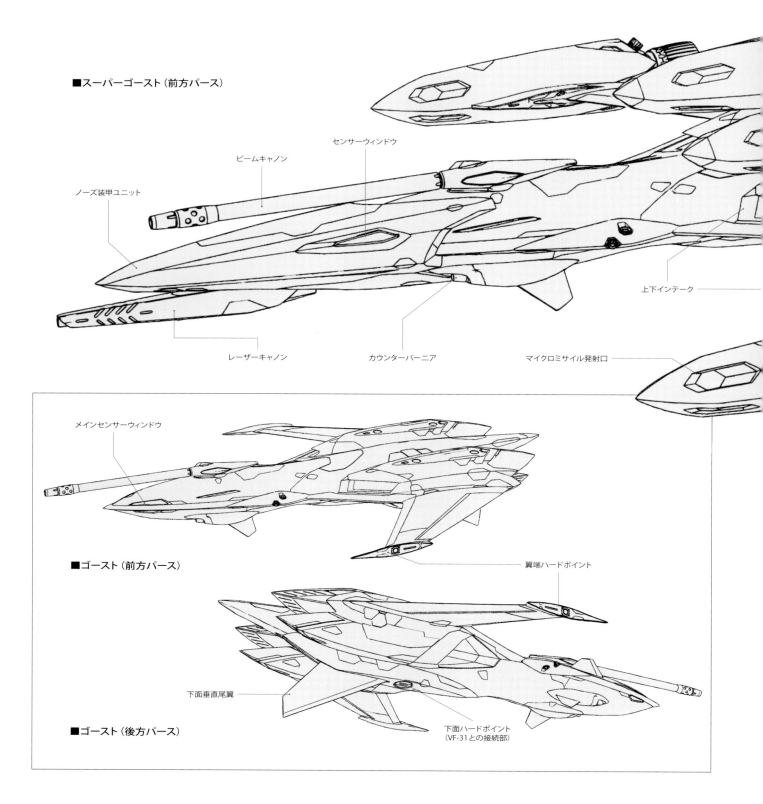

■スーパーゴースト（前方パース）

センサーウィンドウ

ビームキャノン

ノーズ装甲ユニット

上下インテーク

レーザーキャノン

カウンターバーニア

マイクロミサイル発射口

メインセンサーウィンドウ

■ゴースト（前方パース）

翼端ハードポイント

下面垂直尾翼

■ゴースト（後方パース）

下面ハードポイント
（VF-31との接続部）

メインブースターユニット

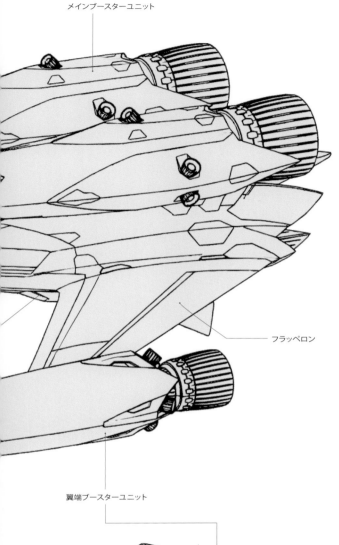

フラッペロン

翼端ブースターユニット

■ゴースト／スーパーゴースト

　ケイオスのVF部隊は、無人戦闘機ゴーストを支援用に随伴する場合がある。ケイオスが2068年頃に実用化したゴーストは開発コード由来の「エッフィギア（ギリシャ語で幽霊の意）」の名で呼ばれていたという未確認情報がある。このゴーストには独自のスーパーパックが用意されており、戦闘空間における露払いや、素早い味方機への支援などに必要なダッシュ力を具える。スーパーパックを装備した状態のゴーストは「スーパーゴースト」または「スーパーエッフィギア」と呼称される。

　大気圏内外両用で、無人機ゆえの高機動を追求し、カナードやベントラルフィンのほか主翼には前進翼を採用している。下面のみに垂直尾翼を持つが、無人機にとっては一度飛んでしまえば上下の区別はそれほど重要ではない。どのような機動をしようとも最大限空気を吸入できるよう、機体上下にインテークを持つ。

　なおVF-31AXでは、対ヘイムダル戦の際にこのゴーストを追加ブースターとして主翼ハードポイントに取り付けて運用した例がある。これは先のウィンダミア戦役において、Sv-262ドラケンⅢがリル・ドラケンを同様に追加ブースターとして使用していたのを参考にしたものと考えられる（また、Δ小隊のVF-31Sは敵艦からの脱出に際して機体に実際にリル・ドラケンを装備したという情報もある）。これらはあくまでもイレギュラーな運用であるが（したがってM.M.P.システムへの分類は本来正しくない）、ゴーストを追加ブースター代わりにVFへ装着する例は星間大戦よりも前、統合戦争時代から見られるもので、それほど目新しくはない。敵陣営の装備を流用できる仕様も、各VF開発メーカーが新統合宇宙軍を顧客のひとつとしていることから、特に意外なことでもないのだ。外形に沿って装着する装甲は別として、新統合宇宙軍の制定する規格に沿って製造されるオプション機材は、VFのメーカーにかかわらず装備することが可能な場合がある。しかし各機種専用装備の多くはそのタイプの構造強度や耐久性を前提としてスペックが決定されているため、他機種で使用する場合は注意が必要である（とはいえ、ISCのGコントロールがある機種では、たいていの場合は問題とはならない）。

■スーパーゴースト（後方パース）

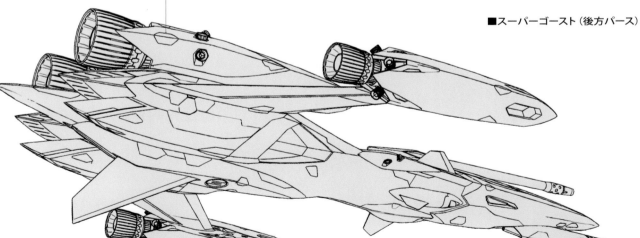

VF-31AX KAIROS PLUS VARIATIONS
VF-31AXバリエーション

VF-31Xにはさらなる発展型が存在するといわれている。もともと完全な第6世代（YF-29クラス）の機体を目指していたという経緯から、4発のエンジンを搭載することが「最終形」として目標であったと考えるのは自然であろう。VF-31AXの時代から主翼にゴーストを取り付けて運用されていたのも、実証とデータ収集が目的の一部であったと推測できる。

VF-31AW

4発タイプの開発にあたり作られたテスト機。
VF-31Sの外翼をそっくりYF-29のものに交換してある。1機のみ製作。

0   1   2   3m
1/100

VF-31X4
(4ENGINES)

現状入手できる限り最新のVF-31X発展型の想像図面。恐らくこ
れがVF-31シリーズの最終到達点であり、X型開発計画時から
の目標であったと考えられる。仮にこの形態をVF-31X4（正式な
型式は公表されていない）としておく。VF-31X4は実際に何機か
が配備されたという情報もあるが、実機は確認されていない。

公開されている数少ないYF-29とされる機体の写真。地球における所属は開発実験団の〈SVF-50スピリッツ・オブ・ソード〉である。この統合軍本部直属の部隊は試験評価飛行隊と実戦部隊を兼ねており、YF-29もあくまで試験機であるが、実戦に投入されているという情報がある。

●開発経緯

　YF-29デュランダルは移民船団マクロス・フロンティアが宇宙生物バジュラと遭遇、戦闘となった際、最後に出撃し、この戦闘に終止符を打った対バジュラ用試作可変戦闘機である。

　大規模移民船団が銀河中心へのコースをとる際に、宇宙生物バジュラが非常に大きな脅威となることはバジュラと遭遇した第117次調査船団（公には行方不明となっている）の報告より明らかとなっていた。新統合宇宙軍は新型のVF-24エボリューション系可変戦闘機でバジュラに充分対抗可能と考えていた。マクロス・フロンティアのVF-25メサイアは単独でも反応兵器を装備することでゼントラーディの小規模艦隊を殲滅する能力があり、無敵とされていた。しかし調査船団の持ち帰った兵隊バジュラの死骸を分析したところ、たしかにこうした個体とはVF-25で互角に戦えるものの、さらに大型で強力なバジュラの存在が示唆されたため、これに対抗しうる能力をVFに与えることを目的とするYF-29計画が立案された。開発は主にマクロス・フロンティア船団のLAI社工場が中心となり進められた。

N.U.N.SPACY

YF-29 DURANDAL
YF-29 デュランダル

公開されている数少ないYF-29とされる機体の写真。地球における所属は開発実験団の〈SVF-50スピリッツ・オブ・ソード〉である。この統合軍本部直属の部隊は試験評価飛行隊と実戦部隊を兼ねており、YF-29もあくまで試験機であるが、実戦に投入されているという情報がある。

　2059年、マクロス・フロンティア船団がバジュラと遭遇した。緒戦においてVF-171を主力とするVF部隊はバジュラの集団に劣勢であったが、VF-25の投入によって戦局は一時拮抗した。しかしその後、バジュラ大型戦艦型や空母型などが現れるとVF-25では制宙権を確保するのが困難となっていった。

　この頃、マクロス・ギャラクシーで開発されたDE（ディメンションイーター）の設計概念がLAI社経由でフロンティア船団にもたらされた。これを改良したMDE（マイクロディメンションイーター）が開発され、対バジュラ用試作実証機VF-25F/TW1（TORNADO）に装備され、のちにYF-29デュランダルの標準兵装として搭載されることになる。

　この時点でYF-29はほぼ完成していた。基本構造はVF-25のものを可能な限り流用したが、機動性向上のため機体強度が大幅に引き上げられたため、多数の特注のパーツが必要となった。YF-29は4基の大推力熱核タービンエンジンを装備し、MDE連装ビーム砲やEX-ギア、新設計の大容量ISCを装備する強力な機体であり、VF-25よりはるかに高性能であったが、それでも大型バジュラと対抗するには足らなかった。純度の高い大型のフォールドクォーツを体内に持つバジュラは、クォーツの発する波動エネルギーにより宇宙空間を滑るように移動し、また大気内ではクォーツの超演算能力と空間干渉能力で周囲の空気に分子レベルで干渉し、機体周囲の空気の流れを制御し異常なほどの機動力を発揮した。このフォールドウェーブの発動は、大気内において「黄金の衣」をまとったようにも見えたが、これはマオ・ノーム※がかつて目撃したVF-0が消失時の発光現象と同一のものであり、またウィンダミア人がいうところの「風に乗る」状態とも類似する。

　YF-29がこの能力を獲得するには、これまでのVFが装備していたフォールドカーボンの性能ではまったく足らず、高性能・大質量のフォールドクォーツが、それも現在の人類のテクノロジーでは複数必要とされた。このフォールドクォーツは開発中「賢者の石」というコードネームで呼称されていた。YF-29開発者たちは機体の戦闘力性能向上だけに注力していただけではなく、最後までバジュラとの意思疎通、相互理解の道も模索していた。機体に装備されるはずのフォールドクォーツでバジュラとの通信ができないかが真剣に検討されていた。バジュラはフォールドクォーツにより超空間ネットワークを構築しており、YF-29にクォーツが搭載されれば、この能力により彼らのネットワークに接続が可能と考えられた。ただし接続が可能だとしても、バジュラは人間とはまったく異なる思考形態を持つ生物であると考えられ、意思を正しく伝えられるのか否かは不明であった。AIを用いた「翻訳」も考えられたが、最終的には「長年にわたりバジュラ由来のV型感染症で腸内にバジュラ因子を保有し、直観的に思考を"歌"としてフォールドウェーブの形に翻訳可能な歌巫女」に託されることになった。

　バジュラとの大規模戦闘後に回収された多数のクォーツから、厳選された大質量高品質のフォールドクォーツが搭載されYF-29はようやく完成した。出撃前、ハンガーに足を運んだマクロス・フロンティア出身の歌巫女であるランカ・リーの祈りによって、眠っていたYF-29に搭載された4つのクォーツが覚醒し、彼女との超空間リンクが確立したという。聖剣デュランダルが目覚めた瞬間である。

　結果的にはこの技術者たちの努力が実り破局（まぬが）を免れることができた。連日バジュラの猛襲に晒されるぎりぎり（曝）の状態下において、それでもなおバジュラとの和解を祈り、模索した技術者たちの勝利であるともいえよう。

ケイオス・リスタニア支部 マクロス・ギガシオン
YF-29 マクシミリアン・ジーナス機／2068年4月

新統合宇宙軍を退役しケイオスに移籍したジーナス艦長であるが、これまでと同様に最新鋭の機体を入手し専用のカラーリングを施す"慣例"は続いている。本機の入手経路は不明だが、指揮官として現役を続けることを条件にレディMが彼を引き抜き、統合軍側と折衝を行ったというのが真相に近いと思われる。しかしながら、第一次星間大戦の英雄で新統合宇宙軍や移民船団への貢献度も高いマックスといえど、最高純度の大型フォールドクォーツまでは供給されなかったようで、機体性能そのものはB型パーツィバルレベルに留まる。とはいえ天性の操縦センスは年齢70を超えてなお健在である。

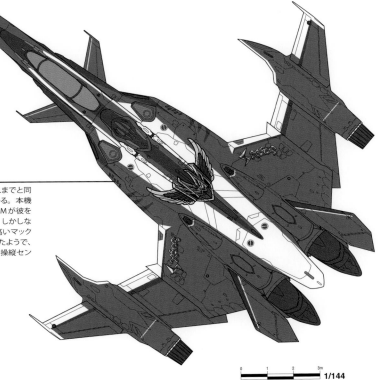

0 1 2 3m 1/144

●YF-29とその派生機

　YF-29は対バジュラ戦に特化した機体であり、またその製造には貴重なフォールドクォーツ4個が必要とされることから、量産は困難であり、また危険（戦闘力が高すぎる）でもあるとされる。しかし未確認情報ではあるが、派生機の存在が噂されている。

　YF-19(A)……原型機。バジュラ戦役で破損したYF-29デュランダル試作1号機のレストア機とされる。惑星上に降りたマクロス・フロンティア船団内で修理され、同船団が保有しているものとされる。

　YF-29B……地球で生産されたデュランダルのコピー機と思われるが、性能などは不詳である。デュランダルの搭載するクォーツに匹敵する質量・純度のものが採取されたという報告はなく、搭載されたクォーツはデュランダル原型機より小型のものと推測され、性能も原型機には及ばないものと推測される。非公式に「パーツィバル」のコード名で呼ばれているようだ。

　YF-29C……バジュラから採取したフォールドクォーツではなく、人類が合成したフォールドカーボン（フォールドクォーツに似せて製造したもので、性能は大幅に劣る）のうち、生産ラインから規格外品として処理されたフォールドカーボンの中から高純度・大質量のカーボンを丹念に選別し、その中から4つを職人技で厳選したものを搭載した機体である。フォールドカーボンの選別にはスカウトされた宝石商が担当した。

　YF-29Cはバジュラのフォールドクォーツを装備したYF-29A/Bよりは格段に性能は劣るものの、それでもフォールドウェーブを発生させ、同時代の最新のVFと比較しても桁違いの性能を有しているとされる。このYF-29Cは少数が「量産」されたともいわれるが、機体ごとに使用されたフォールドカーボンの質（＝性能）が違うため、厳密には規格化されておらず、試作機の域を出ない。そのため型式もYF-29のままとなっている。第一次星間大戦の時代からVF試作機の評価試験を行う月面アポロ基地の部隊が管轄し、ほかの機体では遂行が難しい特務に当たっているともいわれている。

　YF-29シリーズの性能緒元として、フォールドウェーブ発生性能を示す「ノーム係数」が設定されている。この「ノーム」はフォールドウェーブ研究者のマオ・ノーム博士に由来するネーミングである。YF-29Aのノーム係数を1.0とした場合、YF-29Cは0.01程度に相当する。

※マオ・ノーム博士 Dr.Mao Nome
かつて地球の太平洋上に存在したマヤン島に生まれる。島の祭事を司る呪術師の家系に生まれ、巫女であった姉を"鳥の人"事件によって失った後、星間大戦を経験。"鳥の人"との係わりを持っていたことから統合軍の保護下にあり、戦火を生き残って以降はプロトカルチャー研究者として歩む。

The Miracle of Foegal フォーガルの奇跡

●奇妙な白色矮星太陽系

　2068年3月、フォーガル星系に派遣されていた新統合宇宙軍の警備艦隊が、ゼントラーディ基幹艦隊の斥候部隊と接触、戦闘が勃発した。警備艦隊10隻の擁するVF-171ナイトメアプラスを中心とするVF部隊のほか、複数の星系内惑星に駐屯する部隊の応援もあり、斥候部隊を壊滅させるが、フォールドによる数隻の逃走を許した。基幹艦隊に事態が報告されれば、早くて数日から数週間以内には分岐艦隊、あるいは基幹艦隊そのものがフォーガル星系に襲来するかもしれなかった。

　撤退か、それとも抗戦か。警備艦隊は地球の新統合宇宙軍本部の指示を仰いだ。警備艦隊は即時撤退すれば被害は免れるだろう。だが、座標を知られてしまったフォーガル星系にゼントラーディ艦隊がやってくれば、どうなるかはわからない。彼らは惑星にマイクローンがいれば、これを忌避するかもしれない。かつて地球圏に襲来したボドル基幹艦隊麾下の分岐艦隊司令ブリタイは、記録参謀エキセドルの記憶していた「マイクローンの住む星には手を出すな」というプロトカルチャーの"指令"によって、全面攻撃を控えた事実がある。だが、あいにくフォーガル星系にはいわゆる人型の知的生命が存在しなかった。

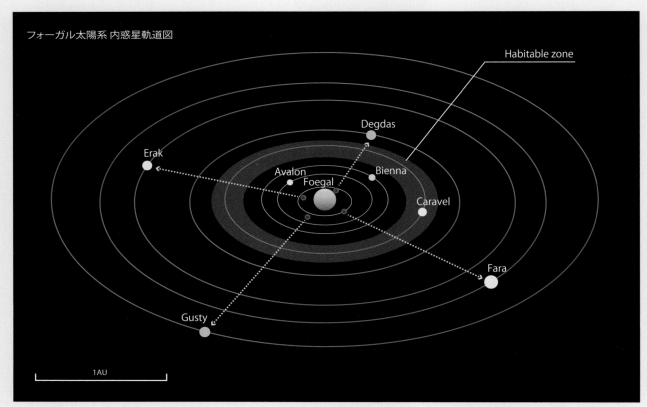

フォーガル太陽系 内惑星軌道図

Habitable zone

Degdas

Erak

Avalon

Foegal

Bienna

Caravel

Fara

Gusty

1AU

かつて主系列星であった白色矮星フォーガルは、核融合反応こそ停止しているが現在もなお充分なエネルギーを放射している。内惑星7つのうち、ハビタブルゾーン外側にある4つの惑星（デグダス、エラク、ファラ、ガスティ）に対して、フォーガル衛星軌道上に存在する4つのソーラー・マグニファイング・システム（SMS）が"虫眼鏡"のようにフォーガルの熱量を増幅して届け、これらを生物の棲める環境にしている（動植物に適したスペクトルへの変調も行っている）。SMSはそれぞれの惑星と公転周期を同期させており、ユニットごとに質量や公転軌道が異なっている。

フォーガル星系は辺境宇宙に発見された、白色矮星※フォーガルを系の中心に置き、10以上の惑星を持つ奇妙な恒星系である。最内周の2つ（アヴァロン、ビエーナ）を除く内惑星には5つの地球型惑星（キャラベル、デグダス、エラク、ファラ、ガスティ）が存在し、それぞれに野生の生物たちが楽園を形作っている。人型の知的生命体こそいないが、陸上や海洋には地球でいう類人猿レベルの知能を持つ生物もいた。当時は発見されてから2年ほど経った頃で、統合政府はこの星系を保護区と定め、パトロール部隊を巡回させていた。

この星系が人類にとって重要なのはそれだけではなかった。白色矮星であるフォーガルは太陽系の太陽（ソル）よりも表面温度が低く（4000K程度）、ハビタブルゾーンの範囲は限定的である。そこに5つも地球型の居住可能惑星がひしめき合っているのは不自然で、実際5つのうち4つまではその範囲から外れた位置にある。本来なら寒すぎるため、生命がこれほど繁栄できるはずはないのだ。それを可能にしているのが、フォーガルの周囲に配置された4つのリング状構造物により、太陽（フォーガル）から発せられるエネルギーを集約しピンポイントで惑星に送り届ける人工サテライト・ソーラー・システムの存在だった。いわば重力レンズを利用した"虫眼鏡"で、必要なだけ熱量を増幅し直接惑星に照射しているのである。

惑星上に遺（のこ）された人工物の解析により、この星系はプロトカルチャーの実験によって整備された人工太陽系であることが確認されている（最内周の2つの惑星は赤色巨星時代のフォーガルに灼（や）かれ、その後公転軌道を内側に移動した形跡が残る。ほかの5つの地球型惑星がもともとこの星系のものであるか、ほかから持ち込まれたものであるかは不明）。5つの惑星は、地球人類が居住可能な条件を持ちつつ、独自の生態系を育み今に至るのだ。

新統合政府はこれらの惑星への入植を禁止し、研究と警備のための艦隊を派遣し、惑星の高等生物たちを見守る政策を取っている。むろん、太陽の周りにあるソーラー・マグニファイング・システムは他星系のテラフォーミングにも応用できる技術であるため、これがものにできれば価値は計り知れない。また、プロトカルチャーの痕跡や遺跡が惑星上に存在する可能性もあり、その調査も進められていた。

このような事情から、新統合政府はフォーガル星系を破棄する決断はしなかった。可能性としては、斥候艦隊と戦ったのが地球人類（＝マイクローン）であるとの情報が伝わっていれば、その時点で基幹艦隊は手出しをしてこないことも考えられる。新統合宇宙軍はしばらくの間、警備艦隊を増強し、また周辺宙域の移民惑星に万一に備えるよう通達を出したのだった。

●基幹艦隊の強襲

　一方、同じ時期、ケイオスがVF-31Sジークフリードに代わる新たな戦力として開発を進めていたVF-31Xは、最終仕様の決定に向けて各種テストを行う段階にあった。ブリージンガル球状星団のとある惑星の軌道上で、YVF-31X試験部隊は、訓練母艦ロイ・フォッカー艦長ヒューバート・ボレル大佐の指揮の下、連日黙々とテストメニューの消化に励んでいた。

　R・フォッカーはケイオスが運用する旧マクロス級で、艦齢は40年を超える旧式艦である。かつては調査船団の旗艦を務め、未知の銀河へ漕ぎ出した最初期の艦だった。現在は民間のケイオスに払い下げられ、改造を受けたうえで統合宇宙軍をはじめ、移民船団や軍事プロバイダーなどに軍事訓練を施す練習艦として余生を過ごしている。バトル級のように要塞形態で艦体が空母一体状になる設計ではなく、初代SDF-1マクロスと同様に2艦の空母を胴体横へ腕によって接続しているが、この空母だけは最新式で、アイテール級9番艦生駒（Ikoma）と10番艦鞍馬（Kurama）を接合している。

　31X開発チームは各支部からパイロットを選抜し、臨時の評価試験部隊を編成した。この〈シーサーペンツ〉は12機の先行生産型YVF-31Xを使い、新型の武装やレーダーシステムなどの評価とともに、時には軍事訓練のため乗り合わせたほかのVF部隊との合同訓練やACMなどを行っていた。もともと素性のよいVF-31をベースとするYVF-31Xの性能は申し分なく、大きなトラブルもないまま順調にスケジュールが進行していた。

　ところがそんな折、近傍のフォーガル星系の事件の一報が舞い込んだ。ケイオス本部からの指示で、R・フォッカーのいる訓練宙域から近いこともあり、新統合宇宙軍からの要請により戦闘への直接参加ではないが救助支援のために待機することが通達された。そして銀河標準時間で半年後※、ついに分岐艦隊がフォーガル星系内にフォールドアウトしたことが知らされる。

　その頃には、新統合宇宙軍は万全の態勢で迎え討つことができた。当初、戦闘は人類側優勢で進む。分岐艦隊といえど、1000隻規模の艦艇を全滅させることは困難であり、艦隊旗艦を撃沈することで撤退を促す作戦を実施した（ゼントラーディ軍の戦闘規定では、旗艦を喪失した場合は撤退が選択される）。

　しかし、2日にわたる戦闘ののち、想定外の事態が発生した。基幹艦隊そのものが星系内にフォールドアウトし、それがさらに増えたのである。異常な数、といっていい。ボドル基幹艦隊の優に2倍。艦艇を示すレーダーの光点（ブリップ）で、スクリーンが真っ白になるほどの艦隊規模だった。

　恐らく、斥候艦隊からの報告を受けた基幹艦隊司令が、居住可能惑星5つを擁するフォーガル星系に対し、全面攻撃の指令を下すとともに、近傍の手すきの艦隊を手当たり次第に集めたものらしかった。迎撃態勢を整えていたとはいえ、さすがにこの事態は予想できなかった新統合宇宙軍であるが、撤退の選択肢はなかった。このままではフォーガル星系の惑星群は全滅必至である。あとにはかつての地球と同じく草木一本残るまい。涙を呑んでそれを棄てたとして、すでに近傍の移住惑星の圏内に侵入を許してしまった。これから先、安心してこの宙域で暮らせなくなる。

　新統合宇宙軍司令部は、この段階においてMDE兵器の使用を決断した。惑星を壊滅できるほどの破壊力を有するこの次元兵器は、反応兵器以上に使用制限が厳しい。対人類（もしくはそれに準じる異星系人種）間の戦闘には原則、使用できない。また運用可能なVFも限られる。今回は、基幹艦隊旗艦を殲滅するためにのみ、許可が下りた。この突入作戦には地球から派遣されたVF-24エボリューションの部隊が担当し、36時間の準備時間と困難な防衛線突破作戦を経て、なんとか首尾よく旗艦艦隊を葬り去ることに成功したのだった。

※白色矮星
寿命を迎えた（燃料である水素を使い果たした）主系列星は膨張を始め赤色巨星となり、やがて超新星爆発を起こす。しかし超新星爆発を起こすほど質量のない星は、外層のガスを失い中心に核が残って白色矮星となる（銀河系の恒星の大半はこのような運命をたどる）。白色矮星は核融合反応を起こしてはいないが、熱の放射は長期間続く。

※半年後の襲来
ゼントラーディ基幹艦隊は周辺の星系や監察軍と衝突を繰り返しているが、厖大な数の艦艇を擁していることから、戦闘宙域への戦力投入のプロセスは非常に煩雑なものになっている。戦闘状況の推移に影響されるのはもちろん、必要艦艇の集結、補給、配置転換などのスケジュール調整に年単位を要する場合もあるようだ（作戦規模や優先順位による）。かつて地球に飛来した監察軍の1戦艦を追ってプリタイ艦隊が太陽系へ調査に訪れたのも、実にASS-1落下から10年後のことだった。

スーパーパックを装備して戦闘宙域に進行する〈シーサーペンツ〉01番機。翼下にはAMM-112SQ短距離高速ミサイルをパイロン1つにつき3発ずつ、計12発搭載している。AMM-112SQは格闘戦時に短距離の相手に使用することを想定して装備されるミサイルで、極めて敵味方の密度の高い中で戦闘が行われていることが窺える。

●オペレーション・ナットクラック

作戦は成功したかに見えた。だが、攻撃の足並みが乱れた敵艦隊の動きに安心する間もなく、次の危機が襲ってきた。さらにもう1つ基幹艦隊が、予想しなかった方向からフォールドアウトしてきたのである。

多くの艦艇が入り混じる戦闘宙域にフォールドを敢行することなど、あり得ないことだった。そもそも惑星重力圏にフォールドすること自体が危険すぎる。実際に、何十隻という単位のゼントラーディ軍艦艇やパワードスーツたちが衝突し合い、操舵不能となった艦が惑星上へ墜落していく地獄絵図となった。

それだけ、ゼ軍側も本気だということだった。彼らの得意とする「インファイトゾーン※」へ飛び込まれ、手薄となった脇腹を突かれた格好の新統合宇宙軍は、大混乱となった。その後の数時間の戦闘でVF部隊は持てるすべての反応兵器を撃ち尽くすつもりで応戦、数隻のバトル級は撤退に必要なフォールド機関へ回すエネルギーさえも主砲へと送り、必死で惑星群を護って戦った。

VF-19アドバンス部隊※による基幹艦隊旗艦への決死の突入作戦により、もうひとつの旗艦の動力部を破壊することに成功、戦闘終結への道がやっと見え始めた。だが直後、この旗艦が推力の制御を喪い、惑星キャラベルへの落下コースを辿っていることが判明する。

たまたまその宙域で戦闘を継続していたのが、前述のYVF-31X試験飛行隊〈シーサーペンツ〉だった。彼らが補給のために一時帰艦していたタイミングで艦隊司令部から入電があり、予備のMDE全弾を使用した基幹艦隊旗艦の完全破壊作戦への参加が打診された。ケイオス側はこれを受理、即時「オペレーション・ナットクラック」が発令された。

〈シーサーペンツ〉は、危険を冒し後方から極短距離フォールドで母艦の旧マクロス級R・フォッカーにランデブーした統合軍補給艦ラーゲルレーヴへ急ぎ移乗し、MDE兵器をその場で受領・装備すると、R・フォッカーに乗り合わせていた、新米パイロットが大半を占めるVF-171航空隊とともに、混戦が続く空域をかい潜って旗艦に接近した。

12機のYVF-31Xのうち、2機がすでに戦闘中に行方不明となっており（後に生還）、10機による出撃となったが、数の少ないMDE兵器はこのうち6機に搭載されていた。この〈シーサーペンツ〉を率いるのは、年齢50歳を超えるベテランパイロットのバリー・コートラン退役中佐で、統合宇宙軍で長くVF乗りを務め、ここ5年ほどはケイオスで試験飛行隊専属として働いていた。危険はそれなりにあるが、もはや戦闘とは無縁だと思っていた彼に降りかかった突然の凶事ではあったが、彼はこの危険な任務を二つ返事で引き受けた。惑星キャラベルには多くの知的高等生命がいる。地球人類に対しても友好的な種族が多い。映像でではあるが、子供を育て、命を紡ぐ彼らの姿を見てもいた。彼らの未来のために、この命を賭ける価値はあろう。

YVF-31Xの01番機は、後席にオペレーターとして31X開発チームの若き技術者の一人、マーティン・コックスを乗せて出撃した。彼はYVF-31Xのシステムからオプション装備に至る一切を知り尽くすスペシャリストである。デリケートなMDE兵器を扱うこともできるため、部隊全体の攻撃管制補助を行うために同乗した。普段は大人しい研究者然とした印象だが、自分が作り上げてきた31Xプロジェクトには絶対の自信と責任感を持っている。YVF-31Xの評価試験を通じて、コートラン隊長とコックスは

ケイオス 第1特別航空団 臨時評価試験飛行隊〈シーサーペンツ〉
YVF-31X-01番機 バリー・コートラン退役中佐機／2068年3月

当然であるが、ケイオスも使用機材について独自開発と他社製品購入にかかわらず、採用前に徹底した評価試験を行う。第1特別航空団にはほかにも常設の評価試験飛行隊が幾つか存在するが、31X型開発の後期においては臨時飛行隊の手で実戦に極めて近い環境でテストが繰り返された。〈シーサーペンツ〉は各宙域に散らばる航空団から特に人員を選抜した部隊で（シーサーペントは伝承上の海の怪蛇だが、部隊マークは絶滅した太古の地球の生物モササウルスがモチーフ）、それだけ31Xがケイオスにとって重要な位置づけであったことを物語る。なお、今回の部隊編成にあたっては公式に新統合宇宙軍からも数名が出向しており、フォーガル星系の戦闘にも参加した（うち2名が未帰還）。

SEA SERPENTS

※インファイトゾーン
艦隊同士の戦闘において、艦載機や搭載火器を有効に機能させ、最大の攻撃力を発揮できる範囲を指す。相手に甚大なダメージを与えることが可能だが、相手の戦力が不明な場合には自身にも相応の被害を覚悟する必要がある。戦闘種族のゼントラーディは、地球人と比較してインファイトゾーンに突入することを躊躇しない傾向があるといわれる。

※VF-19アドバンス
VF-19エクスカリバーの近代化改修機の総称。時期や計画ごとに様々な形態が存在する。ヤン・ノイマン設計室のプランにより、機首センサーウィンドウ新設、垂直尾翼位置変更、マルチパスコンテナユニットの導入といった要素が加えられた改修機が存在する。

緊密なコミュニケーションを取り、信頼関係を築くに至っていた。軍用機の開発チームに席を置いてはいても、あくまで普通の民間人であるコックスに対し、コートランはあえて"確認"をしなかった。生きて帰れる保証は、限りなく0%に近い。コックスもそのことを重々承知で、進んで乗り込む。

非戦闘員などを収容した航宙母艦イコマを切り離したR・フォッカーは、老骨に鞭打って戦闘空域に突入。同じく片腕の航宙母艦クラマより飛び立った護衛のVF-171部隊と宙中集合した〈シーサーペンツ〉は、ゼントラーディ艦隊の群れの中を突っ切り、大きな損害を出しながらも、基幹艦隊旗艦を捕捉した。なおYVF-31X各機は、R・フォッカーに持ち込まれていたレドーム型やマウラー砲装備試験機なども含め、稼働機すべてが投入されている。

攻撃ポイントへ辿り着いた3機のYVF-31Xから放たれたMDEが、三角の形状を形作り旗艦の巨体を押し包む。最後の1発だけはどうしても中枢部へ撃ち込む必要があり、崩壊する旗艦の内部へMDE弾頭を抱えた最後の1機が突入した。飛行隊長（キャプテン）のコートラン機だった。

ややあって旗艦内部でMDEが発動。MDE4発による崩壊力場が完成し、旗艦は大部分の質量を喪失、惑星キャラベルはすんでのところで救われた。

この「ナットクラック」による損害は以下の通りである。

新統合宇宙軍VF護衛部隊……出撃72機のうち未帰還40機。VF171、VF-27、VF-31Aなど。
ケイオスYVF-31X試験部隊〈シーサーペンツ〉……出撃10機のうち未帰還4機。

R・フォッカーは出撃機を回収するために激戦宙域に留まり続け、大破に至るも生還した。同艦はその後、退役。航宙母艦クラマは中破したが現在は修復され任務に復帰している。そのほか、このフォーガル星系における対基幹艦隊戦全体ではバトル級2隻をはじめ、新統合宇宙軍にも甚大な被害を出した。だが、星系からゼントラーディ軍艦隊は完全撤退し、現在もその姿を見ない。

訓練飛行を終えて地上基地へ着陸のアプローチに入る〈シーサーペンツ〉の01番機。バリー・コートラン隊長存命時の写真である。

●VF-31Xに与えた影響

　MDEを搭載した01番機は最終的に未帰艦となったが、戦闘終結から48時間ほど経った頃、01番機の戦闘の顛末（てんまつ）を記録したデータが発見される。それは生還したYVF-31Xの機体がそれぞれ持ち帰った戦闘データの中にあった。驚くべきことに01番機は最期の瞬間まで、僚機にデータを送信し続けていたらしいのだ。評価試験隊のリーダーでもあった経験豊富なベテランは、あの混乱のさなかでも、開発中の機体のことを忘れていなかったのだ。

　本来、戦闘データは戦闘後すぐにダウンロードされ、デブリーフィング用の資料として艦載戦術コンピューターが解析を行うものだ。だが今回の大規模戦闘は、ルーティン通りの事後処理さえまったく不可能なほどイレギュラーなものであったため、後片付けや配置換えなどに忙殺されていたR・フォッカーの整備員たちがこの記録に気がつくのに丸2日の時間がかかったのも、致し方ないことだった。

　コートラン退役中佐が扱っていたYVF-31X-01番機は、予算上オーバースペックと考えられていた機材や構造材を搭載した機体だった（ただし12機の試験機すべてがどこかしら異なる仕様であるため、01番機だけが特殊であるとはいえない）。これほど高価な装備を標準化するのはさすがに無駄ではないか、と開発チーム内部でも疑問の声が上がる中、この記録によって、かねてよりのコックスの主張が裏づけられることになった。例えば、1ソーティあたりの使用時間平均から導き出したレーザー砲身の耐久性は、このような想定外、極限状態の戦闘ではなんの意味

もない。そもそも、31Xのように第6世代の性能を目指す機体の役割は、ほかのVFとはまったく異なる。性能を追求せずに、31Xの真の完成はあり得ないのだ。

　なお、01番機はその性能でもってMDE発射後に旗艦から脱出することも可能であったはずなのだが、未帰還となった理由もこの遺（のこ）された記録から判明した。MDEに問題が発生し、結果として機体の反応エンジンを起爆装置として強制作動させるしか、MDEを起爆させることができなかったのである。しかもその際、01番機は大きく損傷していた。仮にMDEが正常であっても、生還は絶望的であったろう。

　コートラン退役中佐とコックス、2人を乗せた01番機の最期の突入は、壮絶なものだったようだ。機体にダメージを受けた01番機は、ISCの機能をほぼ失い、MDE起爆までの200秒間、肉体の限界を超えた想像を絶する機動戦闘を行っていたことが判った。ISCがなくても、YVF-31Xの強化された構造は激しい戦闘に耐えた。しかしマーティン・コックスは、途中で一度ならず失神しかけたことがバイタルデータからうかがえた。そしてやっと辿（たど）り着いた敵艦最奥部において、彼は機長と協力してMDEを強制発動、任務をまっとうしたのである。

　その後、故マーティン・コックスが生前（のこ）に遺した提言はその大部分が容れられ、VF-31Xの最終仕様が確定した。現在、バリー・コートラン退役中佐の孫が長じてVF乗りとなり、フォーガル星系の警備任務に就（つ）いているという。■

コートラン機の頭部は1対のレーダー砲塔の付いたバージョンで、現在
制式化されたVF-31Xカイロスプラスにもこのタイプは多い。中隊長以
上では4本レーザータイプ、小隊長クラスでこの2本レーザータイプを
使用することが多いようだ。このほか、△小隊の4番機のようなトサカ
状アンテナ（形状は様々にある）が付くものも存在する。

Sv-303 ヴィヴァスヴァット

ヘイムダルによるウィンダミア制圧作戦に投入されたSv-303ヴィヴァスヴァットは、Sv-262の後継
機としてSVワークスが当初開発を進めていた機体、Sv-300を原型としている。
Sv-300はSv-262と異なり、VF-24エボリューションを基本設計として採用したが、SVワークス社
がもともとはゼネラル・ギャラクシー設計室から分かれた組織であったことから、実際に直接の機
体原型として参考にされたのはVF-27ルシファーである。

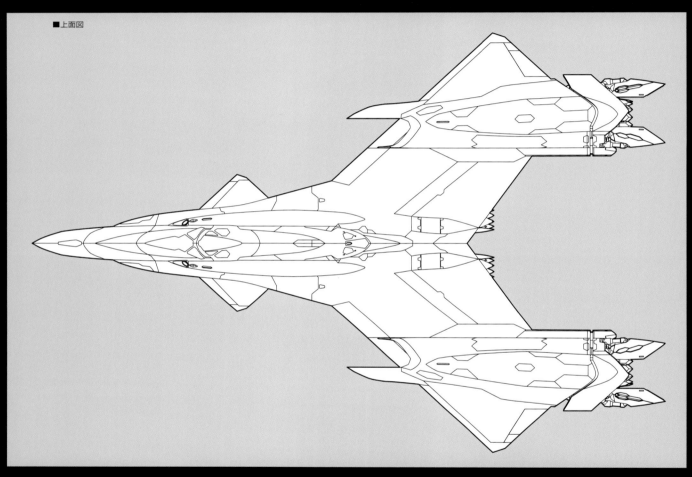

■上面図

【SPEC】
基本設計：SVワークス
製造：ディアン・ケヒト社 特殊機体製造班
全長／前幅／全高：不明
制御システム：シャロンアップル発展型量子AI自立システム - 生体フォールド波超光速
　　　　　　　リンク管制
機体制御：統合AI、ブリュンヒルデII×2基
主エンジン：P&W/RR/LAI社製
　　　　　FF-2999/FC2L ステージII熱核タービンエンジン×2
　　　　　宇宙空間最大推力：2346KN（推定）
　　　　　ディアン・ケヒト社で推力、レスポンス向上のための仕様変更。
　　　　　エンジン寿命は短くなっている。
補助エンジン：新星インダストリー/LAI/RR製
　　　　　FF-3003/J/FC1 ステージII熱核タービン・ラムジェット複合エンジン×2
　　　　　宇宙空間最大推力 1970KN（推定）
ツイン・クォーツドライブ（王立航空工場設計）×2
　　　　　（リヒート・オーバードライブ用。Sv-262と比較し長時間のブーストが可能）
ISC・統合センサーシステム、アクティブステルスシステム：非搭載
ミラージュパッケージ複合装甲（エネルギー転換装甲＋フォールドウェーブ送受信増幅
　　　　　アンテナ素子。高いステルス性能を併せ持つ）

■固定兵装
マクロス・フロンティア工場設計／ディアン・ケヒト社ライセンス生産
MDE連装ビーム砲塔 TW2-MDE/M25C×1
マウラー RöV-25B 25mmビーム機銃×2

■搭載兵器
主翼兵装ステーション×4
高速小型反応弾頭（威力可変式25Kt-100Kt）ミサイル RMS/H-3×4
35mmビームガンポッド ゼネラル・ギャラクシー GBP-35G×1
（ディアン・ケヒト社にてミラージュ装甲処理）

■ミニゴースト「チャーヤー」（最大6機搭載可能）
全長／前幅／全高：不明
武装：30mmビーム砲（マウラー RöV-30A×1）
　　　ゼネラル・ギャラクシー/LAI社製マイクロミサイルランチャー×2
　　　（各ランチャー FGMM-01A試作フォールド波誘導マイクロミサイル6発）
　　　母機（Sv-303）でエネルギー、推進剤補給により再出撃可能。

●ウィンダミアに伝わる独自技術

ウィンダミアの独自技術は地球のそれより劣っているものと考えがちである。しかしこのプロトカルチャーの文化を受け継ぐ惑星では、幾種類かの「規格化」されたフォールドクォーツが古代遺跡や、特定の地層から多数発見されている。これは、プロトカルチャー文明が最終的にはフォールドカーボンではなくフォールドクォーツの量産化に成功したことを示唆する。あるいは、プロトカルチャーがゼントラーディ種族を創造し、星間戦争を始めた時点ですでにフォールドクォーツの量産化は成功していたのか

もしれないが、ゼントラーディに与えるのはフォールドカーボンで充分と考えたのか、あるいはバジュラを刺激するのを避けようとしたのかは不明である。

ウィンダミア人は科学技術全般のレベルは地球文化より劣っているが、プロトカルチャーの技術のいくばくかは伝承により受け継いでいる。作動原理を理解しているものもあれば、原理は分からないが操作方法だけは伝わっているものもあるようだ。

ウィンダミア人はフォールドクォーツを装飾用の宝石として用い

■下面図

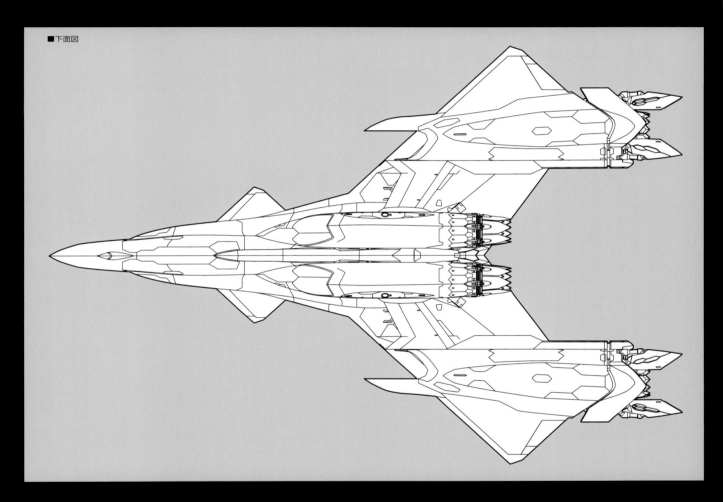

ており、非常に大切にされている。王族は日常の装飾とする場合もあるが、一般の住民は婚礼の花嫁衣装の装飾として使うくらいであり、普段は教会に厳重に保管されている。ウィンダミア人はフォールドクォーツが不思議な力を秘めていることも知っている。たとえば、はるか昔に空中騎士団の祖は巨大なフォールドクォーツ（規格外の大きさであるためプロトカルチャーの試作品と思われる）を柄に埋め込んだ宝剣を使い、巨竜と対峙し戦わずしてこれを制したといわれている。この巨竜は今でこそ絵本やタペストリーにおいて有翼の爬虫類のような生物とされているが、あるいは大型のバジュラであったかもしれない。宝剣「巨竜殺し（殺してはいないのだが）」は、実物がウィンダミア王立美術館に収蔵されており、年に数回一般展示されている。

ウィンダミア王国の王立工房では古代からフォールドクォーツの研究や加工が行われてきた。彼らはフォールドクォーツが、特定人物の歌に反応し不思議な力を発揮することなどを解明しており、その成果のひとつとして、複数のフォールドクォーツを組み合わせることで「共鳴現象」が起こり、パワーが増強されることを発見した。これは、産出されるフォールドクォーツが「規格化」されており固有振動を一致させやすいことが幸いしたものと思われる。大きさ、質の異なるフォールドクォーツを組み合わせて能力を発揮させるには、ウィンダミアの工房では「調律」と呼ばれ、大変な微調整を繰り返す必要がある。この調律の仕組みはVF用の演算装置として組み込む場合も同様で、この作業に最も成功した例がYF-29の第1号試作機であるといわれている。

●Sv-303の開発

　Sv-300の開発にあたり、SVワークスはVF-27のBDI※－サイボーグ系のコントロールシステムを通常パイロット仕様に変更した。このシステムによる操縦性はほぼVF-31と同等といってよい。エンジンはSv-262搭載エンジンであるFF-2999/FC2Gを推力及びレスポンスを改良し搭載する予定であった。また、フォールドクォーツを組み込んだエンジンのリヒートシステムは、王立ウィンダミア航空工場が独自に開発したツイン・クォーツドライブを搭載し、リヒート出力、作動時間の大幅向上を狙った野心的な設計であった。このツイン・クォーツドライブを搭載したSv-300の開発は順調に進み、総合的にVF-31以上の性能を発揮するものと期待されていた。

　ところが、設計が最終段階に至ったある日、SVワークスにイプシロン財団のシドニー・ハントなる人物から突然の連絡があり、大幅な設計仕様変更が依頼される。しかも試作機の納入時期は数ヶ月後という強引なものであった。

　Sv-300の発注はウィンダミア王国の宰相ロイド・ブレームからのものであり、SVワークスは当然ロイドに確認を取った。ロイドの説明では「プロトカルチャー技術の解析により、生体フォールド波の発生とそれによる超光速相互通信デバイスが完成した。これに量子AIを組み合わせることによって超長距離でのタイムロスのない遠隔操作システムを構築した」とのことであった。そしてこの技術を使った新コンセプトのVFを至急必要とする事態が想定されるとのことで、SVワークスは不本意ながら計画の修正を余儀なくされたという。

　このシステムを搭載すれば、パイロットの生命維持、コントロール系、EX-ギア、またISCすら装備する必要はなく、さらに軽量化が可能であるという。またSv-300は、VF-31のようなマルチロール機として開発されていたが、この新しいオーダーではその必要はなく、対VF-31AX・対ワルキューレ用の短時間運用を前提とした局地可変戦闘機でよいとのことであった。それはすなわち、まったく根本から異なる機体を作るのに等しい。

　SVワークスは、ほぼ完成していたSv-300の設計はそのままとして、急ぎSv-301、302を経てSv-303の設計案を完成させた。Sv-301はロイドから「保険」として別途発注された機体で、Sv-300複座型の前席をパイロット席とし、機体後席のスペースに戦術・戦闘・機体制御用の量子AIと生体フォールド波増幅装置を配置したものであった。エンジンブロックにはツイン・クォーツドライブを搭載しており、外観はVF-31に似通っていた。ロイドはこの時点では美雲・ギンヌメール本人を搭乗させる思惑があったものと推定される。

※BDI
Brain Direct Image-System。パイロットが脳内で飛行イメージ描くことで、その脳波を解析・翻訳して機体操作を行うシステム。操縦桿やスロットルを使用した煩雑な機械的操作を行わずに済み、パイロットの思考が機体に伝わるまでのタイムラグを短縮できるメリットがある。

※X-9ゴーストバード
2040年前後に開発された無人戦闘機シリーズのひとつ。人間のパイロットが乗るVFの開発計画「スーパーノヴァ」と密かに競合していた。当時としては画期的な自律AIを組み込み、無人機である利点を最大限に活かした高い機動性で制式採用まであと一歩のところまで迫った。しかし、シャロン・アップル事件によりAIのハッキングが現実に脅威をもたらしたことから方針が転換された。

　Sv-303は限定された状況で究極の性能を発揮すればよいという簡潔な要求であったため、設計は速やかに進行した。無人機であり、安全性の担保は最小限とすればよいことも設計作業を加速した。変形フレームは定評のあるYF-24エボリューション系を採用し、操縦系は資料が揃っていたVF-27のBDI－サイボーグ制御系にフォールドウェーブ送受信系を接続した。遠隔操作するセイレーンデルタシステムの量子AIの負担を軽減するため（また操縦者が非パイロットである場合を想定して）、機載AIはゴースト系の無人戦闘機用AIを搭載することになった。しかしイプシロン財団から指定があり、機体製造を担当するディアン・ケヒト社工場に供給された量子AIは当時の量産型ゴースト搭載用の一般的な仕様ではなく、高度な自律判断能力を有した新型であった。密閉開封不可のパッケージであったが、ゼネラル・ギャラクシー社に在籍していたことのあるディアン・ケヒト社のベテラン技術者の何人かはその仕様と外観を見て、かつてマクロス・コンツェルンが手がけたX-9ゴーストバード※用のAIパッケージと酷似していることに気づいていた。

　この量子AIの搭載により、遠方にいる操縦者は目標を指定、攻撃開始指示を行うだけで、あとはSv-303が自己判断で機体や武器の制御を行う。また友軍機が同じSv-303であれば各機体をフォールドウェーブでリンクできるため緻密な共同作戦も可能だ。操縦者はたとえ数十光年遠方にいても、リアルタイムで状況を把握でき、目標選択や攻撃開始あるいは中止のほか、さらに細かい指示も可能であり、あたかも操縦者が機体に搭乗し直接操っているのとまったく変わらない挙動を示した。

　Sv-303は無人可変戦闘機となり、本来は「QF-」に分類される機体であるが、無人機であることは極秘であり有人可変戦闘機として開発が行われている。

●Sv-303の機体概要

Sv-303はパイロット保護・操縦系、EX-ギア、ISCを廃止したばかりか、通常の機体に必要なIFFや翼端灯、通信機、統合センサーまで廃止され、極端な軽量化が図られている。

機体全面のエネルギー転換装甲に組み込まれた生体フォールド波送受信増幅システムが多元センサーとして機能し、ほかの同型機とのリンクまでを可能とする。このシステムは「ミラージュパッケージ」と呼ばれ、作動時は七色に発光し、肉眼で観察すればきわめて目立つように思われる。ところが機体表面の全面でフォールドウェーブの送受信増幅を行うため、通常空間よりわずかに位相がずれる。電波はもとより、レーザー系の光学センサーでも観測誤差を起こすため、通常のセンサーでの探知は困難でステルス性は極めて高い。

Sv-303はフォールドウェーブを常時発振しているので、フォールドウェーブセンサーを装備する機体からは発見されやすい。とはいえフォールドウェーブセンサー自体、当時はきわめて限られた機体（Δ小隊機など）しか装備されていなかった。

徹底した機体軽量化・小型化により内部容積は少ないが、通常の機体に必要な装備を外したスペースは推進剤スペースに充てられた。大推力エンジン4基の推進剤消費率は非常に大きく、量子AIが高機動戦闘で効率よく推進剤を節約するとしても、同性能の機体との戦闘は25分程度が限界である。さらに6機を搭載できるミニゴースト「チャーヤー」（後述）に対し、戦闘後にエネルギーと推進剤を補給して再出撃させるとすると、戦闘時間は実質20分以下と考えられた。

コクピット位置には量子AIが収納され、視界は必要ないためキャノピーはなく、ほかの部分の機体表面と同様エネルギー転換装甲で覆われている。バトロイドに変形すると、コクピット前方に収納されていたモノアイ状のフォールドウェーブ集束アレイが展開する。この集束アレイはさらに綿密な特定方向の空間スキャンを可能とする。

Sv-303は有人機として開発を行っているように見せるため、製造ラインではコクピット部分にダミーの操縦系とEX-ギアが置かれており、最終工程でディアン・ケヒト社の一部上級エンジニアによって量子AIに交換された。この量子AIの下位AIとして、Sv-262に装備されていたブリュンヒルデ＋の機能拡張版であるブリュンヒルデⅡが採用されており、機体の機動やミニゴーストの管制演算を担当している。

Sv-303のメインエンジンはSv-300と同じFF-2999系でSv-262のエンジンの発展強化型を搭載した。オーバードライブ用として王立ウィンダミア航空工場製のツイン・クォーツドライブを2基、装備する。

機体下部にはエンジン2基（FF-3003/J/FC1でYF-29の補助エンジンと同型）を追加して合計4発とし、高機動時には下部エンジンを支持翼により斜め下方に展開する。一方、主翼とメインエンジンは斜め上方に移動することにより、正面から見るとエンジンはX字型の配置となる。メインエンジンは主翼との取り付け部で360度回転するようになっており、このエンジン配置により特に宇宙空間では機動性が向上した。翼面積は小さく、前縁と後縁には動翼が設けられているが、この機体は大推力、エンジン軸回転、推力偏向ノズルにより「推力で飛ぶ」機体であり、翼は極論すればエンジンの支持架、兵装装備ステーションとしての役割と考えてよい。

Sv-303のエンジン構造は強化されているが、戦闘機動中は常時リヒート（オーバードライブ）での運用を前提としているため、エンジンの寿命は短く、数回の出撃でエンジン交換が必要となった。もともと短時間戦闘用の機体であり、これは設計時より想定されていることで、エンジンモジュールはごく短時間で交換可能となっている。

バトロイド変形時のシルエットはSV-51を思わせる部分もあり、SVワークスの血脈を思い起こさせるものである。

●Sv-303の武装

固定武装として機体背面にはYF-29と同様の強力な連装MDEビーム砲塔が埋め込まれている。機首両側には25mmビーム機銃が装備される。

機体内容積に余裕がまったくないため、内蔵のマイクロミサイルランチャーなどは装備されていない。代わりに、主翼エンジン部と機体下部に最大合計6機のミニゴースト「チャーヤー」が搭載可能であり、このゴーストがミサイルランチャー、ビーム砲台として機能する。

ミニゴーストは小型軽量だが熱核エンジンは搭載していない。高性能キャパシターに母機から充電を行いエンジン、ビーム砲、アビオニクスを稼働させる。エネルギーや推進剤を母機から供給することによりミニゴーストは再出撃が可能となる。

母機であるSv-303は最大12機のミニゴーストを同時管制指揮が可能であり、ほかのSv-303に装備されたミニゴーストも、その母機が破壊された場合は代わって管制が可能となっている。

指揮通信はフォールドウェーブで行われる。外装はエネルギー転換装甲で、母機に装着時は母機からのエネルギー供給で装甲がアクティベートされ母機の装甲として機能する。

行動時間はビーム砲の使用頻度、推進剤の使用率によるが、戦闘想定対象がVF-31AXであると仮定すると、1回あたりの出撃稼働時間は5〜6分程度と思われる。武装は30mmビーム砲1門、新型高機動マイクロミサイルランチャー2基（ミサイル各6発）となる。

Sv-303のそのほかの武装としては、ミラージュパッケージ外装を施した専用ビームガンポッドのほか、主翼合計4ヶ所の兵装ステーションに小型高速反応弾頭ミサイルが装備される。これは、爆発力可変式（5Kt‐100Ktクラス）の対艦ミサイルで、旧統合軍時代から地球が保有する代表的な対艦反応弾頭ミサイルRMS-1より威力は少ないが、小型・高速のため迎撃は困難とされている。

●Sv-303の実戦

　Sv-303が完成したのは、ロイドが死亡する直前であり、発注契約者である彼の死亡によりSv-303は試作機1機が完成したのみとなるかと思われたが、イプシロン財団からは5機＋予備機3機、保守部品、予備エンジン、またミニゴースト50機の製造納品依頼があった。発注者死亡後のオーダーを不審に思ったディアン・ケヒト社はゼネラル・ギャラクシー社にも照会したが、イプシロン財団の指示通りに動くように厳命があった。背後に異常な事態があることは察せられるものの、ディアン・ケヒト社としてはこれに従うしかなかった。Sv-303を回収に来たイプシロン財団の使者は、今後Sv-303を量産する計画がある旨を告知したという。

　こうしてイプシロン財団のシドニー・ハントが用意したSv-303は、「星の歌い手※」の細胞とともに反統合軍組織ヘイムダルのイアン・クロムウェルの手に渡ることになる。

　ヘイムダルは、シドニー・ハントの情報と彼から入手した「星の歌い手」の細胞からクローンを作成し「セイレーンデルタシステム」を構築した。プロトカルチャーの残した「星の歌い手」のクローンを核として生体フォールド波を発生させ、そのフォールド波の増幅、調整、調律などは接続されたシャロン・アップル発展型量子AIデバイスにより処理されるシステムである。クローン＋量子AIの基本パーソナリティは、ワルキューレの美雲・ギンヌメールの情報データによるもので、彼女が宰相ロイド・ブレームに捕られた時に記録されたものをベースとして再構成されている。セイレーンデルタシステムは強大なフォールドウェーブ出力を有しており、マクロス級戦艦を覆うほどの次元断層バリアを展開することも可能としていた。

　セイレーンデルタシステムは、Sv-303がワルキューレ5名と対峙することによって5人の生体フォールド波パターン、人格パターン、歌唱などを学習し、最終的には5人の「Yami_Q_ray(ヤミキューレ)」の疑似パーソナリティを生み出した。闇雲(ヤミキューレ原型)、闇カナメ、闇フレイヤ、闇マキナ、闇レイナである。

　その「Yami_Q_ray」の疑似パーソナリティ5名がSv-303を5機を操り、ワルキューレの歌で支援された△小隊の新型機VF-31AXと互角以上に戦うことになる。■

※イアン・クロムウェル
反地球統合組織ヘイムダルの首魁。新統合宇宙軍の元軍人でゼントラーディのクォーター。第7艦隊所属マクロス・アストレア艦長であった来歴を持つ。通称「鋼鉄のクロムウェル」。次元兵器の使用が認められず、故郷の星を喪ったことをきっかけに反地球統合政府及び同宇宙軍に反旗を翻す。

■「星の歌い手」について
もともとは、バジュラとの意思疎通を介してバジュラが構築した銀河‐超銀河超空間ネットワークへのリンクを可能とする、作られた「人」である。
プロトカルチャーがバジュラ因子を遺伝子レベルで組み入れており、思考をフォールドウェーブに変換して発生可能とされる。バジュラは単一集合意識生物なので、もしこのプランが過去に成功していれば、バジュラとプロトカルチャー（人類）は意思疎通が叶ったはずである。
マクロス・フロンティア船団がバジュラの攻撃を受けた事実から、このプロトカルチャーの試みは失敗したものと思われる。プロトカルチャーがまだ「星の歌い手」を完璧なまでに完成していなかったのか、それとも別の理由で「星の歌い手」を封印したのかは不明である。
のちの解析では、リン・ミンメイやサラ・ノームなどの「歌い手」「歌巫女」の遺伝子には「星の歌い手」のバジュラ因子発現部分との部分的な類似性が指摘されている。かつてプロトカルチャーが人類の進化に介入したとき、バジュラ因子遺伝子構造の解明が完全にはできておらず、部分的に試験的に組み込んでみたのか、あるいは「星の歌い手」レベルの遺伝子改造を行ったが、世代を経てその情報がぼやけてしまったのか、これも不明である。
マオ・ノーム研究室のレポートでは幾つかの条件が整えば、彼女らは微弱な生体フォールド波を瞬間的に歌に乗せられたのではないか、あるいはフォールドウェーブまでには達しないが周囲の人間の感情に相互作用を起こさせるような「場」を形成できた可能性が指摘されている。

Vivasvat Sv-303 BATTROID

無人機の利点は人間の存在を考慮せず高機動が可能なこと、人間のために必要な各種装備のスペースや重量をほかに割けること以外にも、数週間から数ヶ月にわたる長時間待機に平然と徹し、子機であるゴースト（リル・ドラケン）を必要に応じて展開してエリアディフェンスを行えるなど様々にある。

図はVF-31AXとの実戦において収集されたデータを基に再現したSv-303のバトロイド形態である。Sv-303は機体表面全体でフォールドウェーブの送受信を行うため、空間の位相がわずかにずれ、電波や光学センサーをも欺瞞する。そのため、外形そのものを正確に捉えるのが困難である。正確なスペックは公表されていないが、機体各所のパーツなどのサイズからおおよその大きさは推定できる（もともとあえて設計を似せていたSv-301を急遽改設計したこともあってか、手首やノズルなど、新星インダストリー製VFにも製品を供給しているメーカーのパーツをそのまま導入したか、設計を流用して開発したようである）。それによるとSv-303は相当に大型の機体である。Sv-262がオプションとして使用するリル・ドラケンに近似したミニゴーストは「チャーヤー」という名称が付けられているという。

■新統合宇宙軍〈SVF-1スカルズ〉創設70周年記念機
VF-31X ／ 2078年4月

アラスカ新統合軍本部で毎年行われている航空祭において披露された
〈SVF-1スカルズ〉創設70周年を記念したマーキングの機体。いうまでもな
く伝説のパイロットであり星間大戦の英雄ロイ・フォッカーのパーソナルカ
ラー機にちなむ。このマーキングは人気で、実際記念とは関係なく方々の
ショーで見られる。この10年前に△小隊の隊長アラド・メルダースが惑星スク
ーツにおけるワルキューレ公演の際、VF-31Sで同様のカラーリングを施し
て飛行展示を行った際のデザインを参考とし、これに西暦表記などを追加して
いるようだ。

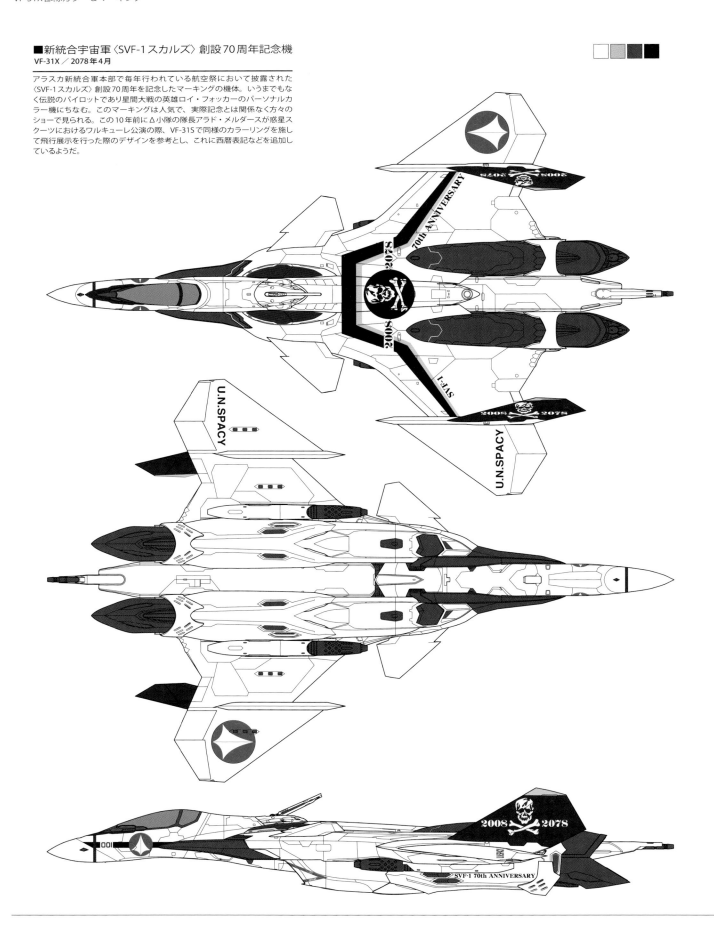

VF-31X部隊カラー＆マーキング

■新統合宇宙軍 アドバーサリー部隊〈SVC-33〉
VF-31X 機番不明 ／ 2070年11月

光の反射率が0.001％のシートを部分的に貼り付けてレーザー
レーダーを含む光学センサーの攪乱を狙ったカラーリング。機体
形状を欺瞞するためのパターンは様々に存在するが、図の機体
はコンテナにキャノピーを描き、前進翼機に見立て進行方向ま
で見誤らせようとしている（そのため統合軍インシグニアなども
逆さ向きになっている）。当初は全面に貼る案もあったが背景が
惑星や明るい銀河ではかえってシルエットとして目立つことから、
部分的に貼る方向に落ち着いた。

■ケイオス フォーガル支部 第34戦闘航空団 CV/C-122 ラエルティオス〈ガンマ小隊〉
VF-31X #01 アレミナ・コートラン少尉機 ／ 2085年7月

フォーガル星系のゼントラーディ基幹艦隊襲来から12年が経過し、規模は縮小したが新
統合宇宙軍による哨戒・警備は継続している。これらの部隊に対し訓練を施すためケイ
オスの部隊が駐留し、マクロス・ミラシオンを母艦として通常は3番惑星キャラベルを拠
点として活動している。今年、ラエルティオスの第3飛行隊〈ガンマ小隊／ポイズン・ファ
ングス〉の小隊長となったのは、フォーガル戦役の際に英雄的戦死を遂げたバリー・コー
トラン退役中佐（当時）の孫娘アレミナで、メディアにも機体とともに紹介された。
機体は戦役当時のVF-31X用標準カラーリング（ラグナ支部デルタ小隊のVF-31Xが源
流）を一部引き継いでいる。グローブ上部には毒ヘビの牙を思わせるマーキングが入る。

CV/C-122
LAĒRTIUS

POISON FANGS

■千葉昌宏　*Masahiro Chiba*
Technical and Story Adviser
Text ; p104-107, p116-120

■二宮茂幸　*Shigeyuki Ninomiya (NYASA)*
Text ; p015-023, p030-076, p085-087, p102-103
All Technical Drawings (except Sv-303)
Marking Design : p122-124

■シラユキー　*Thillayuki*
All Mechanical Illustrations
illustrations ; p040 Pilot Suit

■大里 元 *Gen Osato*
Technical Drawings : Sv-303 Vivasvat

■佐藤 始 *Hajime Sato (GA Graphic)*
CG Modeling ; VF-31AX (all variations, optional parts), YF-29, Sv-303

■橋村 空　*Kuu Hashimura (GA Graphic)*
Text ; p001, p011-013, p024-028, p080, p088-089, p101, p109-114 & Captions
〈SEA SERPENTS〉 Emblem, 〈POISON FANGS〉 Emblem & Marking Design

VARIABLE FIGHTER MASTER FILE
VF-31AX KAIROS PLUS

STAFF

Writers
二宮茂幸 (NYASA)
千葉昌宏
橋村 空 (GA Graphic)

Technical Drawing
二宮茂幸 (NYASA)
大里 元

Mechanical Illustrations
シラユキー

※YF-19-3 エアリアルマーキングデザイン
I-Ⅳ

SFX Works
GA Graphic編集部

Cover & Design Works
橋村 空 (GA Graphic)

Editors
佐藤 元 (GA Graphic)
村上 元 (GA Graphic)

SBCr 出版事業本部
浦島弘行 (商品部 商品課)
永井 聡 (戦略企画部)
正木幹男 (商品部 商品課)

印刷管理
戸羽真菜帆 (日経印刷株式会社)

Supervisor
河森正治

Adviser
※考証協力
千葉昌宏

Special Thanks
株式会社ビックウエスト
株式会社サテライト
株式会社VectorVision

Cooperator
※写真背景素材提供
長瀬奈津子

※ゼントラーディフォント提供
あさいらんこ

■ヴァリアブルファイター・マスターファイル VF-31AXカイロスプラス

2023年1月8日 初版発行
編集 ホビー編集部
製作 GA Graphic
発行人 小川 淳
印刷 日経印刷株式会社
発行 SBクリエイティブ株式会社
〒106-0032 東京都港区六本木2-4-5
営業部 TEL 03-5549-1201

©1994, 2015, 2021 BIGWEST
©SB Creative Corp.

ISBN 978-4-8156-1002-9
Printed in Japan